氢能与燃料电池产业应用人才培养丛书

加氢站技术规范与安全管理

山东氢谷新能源技术研究院

上海氢能利用工程技术研究中心　组编

潘相敏　主编

机械工业出版社

本书介绍了加氢站的技术规范和安全管理知识，从加氢站安全基础知识、加氢站建设、加氢站技术规范、加氢站运营管理、加氢站设备和维护5个方面，结合国内外行业发展情况，分别进行了系统的阐述。

本书内容丰富、系统性和实践性强，适合从事或准备进入氢能行业的工程技术人员阅读，或作为氢能相关专业学生的参考书。通过本书，读者不仅可以掌握加氢站的基本概念、分类和工艺流程，初步了解加氢站的技术规范和建设发展，还可基本了解加氢站的安全运营管理要点、加氢站设备维护和应急处置等知识，从而具备从事加氢站建设、运营和管理工作的知识和相关技能。

图书在版编目（CIP）数据

加氢站技术规范与安全管理/山东氢谷新能源技术研究院，上海氢能利用工程技术研究中心组编；潘相敏主编. —北京：机械工业出版社，2023.7（2025.1重印）

（氢能与燃料电池产业应用人才培养丛书）

ISBN 978-7-111-73175-7

Ⅰ.①加… Ⅱ.①山… ②上… ③潘… Ⅲ.①加氢-加气站-技术规范 ②加氢-加气站-安全管理 Ⅳ.①U491.8

中国国家版本馆 CIP 数据核字（2023）第 086608 号

机械工业出版社（北京市百万庄大街 22 号　邮政编码 100037）
策划编辑：舒　恬　　　　　　责任编辑：舒　恬　刘　煊
责任校对：龚思文　梁　静　　封面设计：王　旭
责任印制：李　昂
北京捷迅佳彩印刷有限公司印刷
2025 年 1 月第 1 版第 2 次印刷
184mm×260mm · 11.75 印张 · 280 千字
标准书号：ISBN 978-7-111-73175-7
定价：79.80 元

电话服务　　　　　　　　　　网络服务
客服电话：010-88361066　　　机 工 官 网：www.cmpbook.com
　　　　　010-88379833　　　机 工 官 博：weibo.com/cmp1952
　　　　　010-68326294　　　金 书 网：www.golden-book.com
封底无防伪标均为盗版　　　　机工教育服务网：www.cmpedu.com

编写委员会

指导委员会（排名不分先后）：

衣宝廉　中国工程院院士

陈清泉　中国工程院院士

彭苏萍　中国工程院院士

丁文江　中国工程院院士

刘　科　澳大利亚技术科学与工程院外籍院士，南方科技大学创新创业学院院长

张永伟　中国电动汽车百人会副理事长兼秘书长，首席专家

余卓平　同济大学教授，国家燃料电池汽车及动力系统工程技术研究中心主任

编写委员会（排名不分先后）：

主　任：张　真

副主任：贡　俊　邹建新　赵吉诗　缪文泉　戴海峰　潘相敏
　　　　苗乃乾

委　员：刘　强　潘　晨　韩立勇　张焰峰　王晓华　宋　柯
　　　　孟德建　马天才　侯中军　陈凤祥　张学锋　宁可望
　　　　章俊良　魏　蔚　裴冯来　石　霖　程　伟　高　蕾
　　　　袁润洲　李　昕　杨秦泰　杨天新　时　宇　胡明杰
　　　　吕　洪　林　羲　陈　娟　胡志刚　张秋雨　张龙海
　　　　袁　浩　代晓东　李洪言　杨光辉　何　蔓　林明桢
　　　　范文彬　王子缘　龚　娟　张仲军　金子儿　陈海林
　　　　梁　阳　胡　瑛　钟　怡　阮伟民　陈华强　李冬梅
　　　　李志军　黎　妍　云祉婷　张家斌　崔久平　王振波
　　　　赵　磊　张云龙　宣　锋

当今世界正经历百年未有之大变局，新一轮科技革命和产业变革同我国经济高质量发展要求形成历史性交汇。以燃料电池为代表的氢能开发利用技术取得重大突破，为实现零排放的能源利用提供了重要解决方案。因此，我们需要牢牢把握全球能源变革发展大势和机遇，加快培育发展氢能产业，加速推进我国能源清洁低碳转型。

国际上，全球主要发达国家高度重视氢能产业发展，氢能已成为加快能源转型升级、培育经济新增长点的重要战略选择。全球氢能全产业链关键核心技术趋于成熟，燃料电池出货量快速增长、成本持续下降，氢能基础设施建设明显提速，区域性氢能供应网络正在形成。

"双碳"目标的提出，为我国经济社会实现低碳转型指明了方向，也对能源、工业、交通、建筑等高排放领域提出了更高的标准、更严格的要求。氢是未来新型能源体系的关键储能介质，是推动钢铁等工业领域脱碳的重要原料，是重型货车、船舶、航空等交通领域低碳转型最具潜力的路径，也是零碳建筑、零碳社区建设的必要组成。可以说，氢能的发展关系着碳达峰、碳中和目标的实现，也是推动我国经济持续高质量发展的战略性新兴产业、朝阳产业。

过去三年，我国氢能产业在政策的指引及支持下快速发展。氢从看不见的气体，渐渐融入看得见的生活：氢燃料客车往来穿梭在北京冬奥会、冬残奥会的场馆与赛区之间，一座座加氢站在陆地乃至海上建成，以氢为燃料的渣土车、运输车、环卫车在各地投入使用，氢能乘用车、氢能自行车投入量产，氢动力船舶开始建造，氢能飞行器开启了人们对氢能飞机的想象。2022年3月，国家发展改革委、国家能源局联合发布《氢能产业发展中长期规划（2021—2035年)》，提出到2025年，基本掌握核心技术和制造工艺，燃料电池车辆保有量约5万辆，部署建设一批加氢站；到2030年，形成较为完备的氢能产业技术创新体系、清洁能源制氢及供应体系；到2035年，形成氢能产业体系构建多元氢能应用生态，可再生能源制氢在终端能源消费中的比例明显提升。未来，氢能产业在以国内大循环为主体、国内国际双循环相互促进的新发展格局下，将迎来更广阔的发展空间。

科技是第一生产力，人才是第一资源，氢能产业的高质量发展离不开人才体系的培养。2021年7月，教育部发布《高等学校碳中和科技创新行动计划》，次年4月发布《加强碳达峰碳中和高等教育人才培养体系建设工作方案》，均提到了对氢制储输用全产业链的技术攻关和人才培养要求，"氢能科学与工程"成为新批准设立的本科专业。《氢能产业发展中长期规划（2021—2035年)》也提出，要系统构建氢能产业创新体系：聚焦重点领域和关键环节，着力打造产业创新支撑平台，持续提升核心技术能力，推动专业人才队伍建设。2022

年10月，中共中央办公厅、国务院办公厅印发《关于加强新时代高技能人才队伍建设的意见》，提出构建以行业企业为主体、职业学校为基础、政府推动与社会支持相结合的高技能人才培养体系，加大急需紧缺的高技能人才培养力度。

氢能产业的快速发展给人才培养带来挑战，氢能产业急需拥有扎实的理论基础、完整的知识体系，并面向应用实践的复合型人才。此次出版的"氢能与燃料电池产业应用人才培养丛书"由中国电动汽车百人会氢能中心邀请来自学术界、产业界和企业界的专家学者们共同编写完成，是一套面向氢能产业应用人才培养的教育丛书，它填补了行业的空白，为行业的人才建设工作做出了重要的贡献。

氢不仅是关乎国际能源格局、国家发展动向的产业，也是每一个从业者的终身事业。事业的成功要依靠个人不懈的努力，更要把握时代赋予的机遇，迎接产业蓬勃发展的浪潮。愿读者朋友能以此套丛书作为步入氢能产业的起点，保持初心，勇往直前，不负产业发展的伟大机遇与使命！

中国工程院院士
英国皇家工程院院士
世界电动汽车协会创始暨轮值主席
2022 年 10 月于香港

　　氢能作为来源多样、应用高效、清洁环保的二次能源，广泛应用于交通、储能、工业和发电领域。氢能的开发利用已成为世界新一轮能源技术变革的重要方向，也是全球实现净零排放的重要路径。伴随我国"双碳"战略目标的提出，氢能因具有保障能源安全、助力深度脱碳等特点，成为我国能源结构低碳转型、构建绿色产业体系的重要支撑，产业发展方向确定且坚定。

　　当前，氢能产业发展迅猛，已经从基础研发发展到批量化生产制造、全面产业化阶段。面对即将到来的氢能规模化应用和商业化进程，具有扎实的理论基础和工程化实践能力的复合型人才将成为推动氢能产业发展的关键力量。氢能人才培养是一个系统化工程，需要有好的人才政策、产业发展背景做支撑，更需要有产业推动平台、科研院所以及众多企业的创新集聚，共同打造产学研协作融合的良好生态。

　　2021年7月，教育部印发《高等学校碳中和科技创新行动计划》，明确推进碳中和未来技术学院和示范性能源学院建设，鼓励高校开设碳中和通识课程。2022年10月，中共中央办公厅、国务院办公厅印发了《关于加强新时代高技能人才队伍建设的意见》，明确提出："技能人才是支撑中国制造、中国创造的重要力量。加强高级工以上的高技能人才队伍建设，对巩固和发展工人阶级先进性，增强国家核心竞争力和科技创新能力，缓解就业结构性矛盾，推动高质量发展具有重要意义"。为贯彻落实党中央、国务院决策部署，加强新时代高技能人才队伍建设，同时结合目前氢能产业发展对人才的要求，中国电动汽车百人会氢能中心联合上海燃料电池汽车商业化促进中心、佛山环境与能源研究院、上海氢能利用工程技术研究中心、上海智能新能源汽车科创平台、山东氢谷新能源技术研究院等单位共同编制了"氢能与燃料电池产业应用人才培养丛书"。

　　本系列丛书包括《氢能与燃料电池产业概论》《制氢技术与工艺》《氢气储存和运输》《加氢站技术规范与安全管理》《氢燃料电池汽车及关键部件》《氢燃料电池汽车安全设计》《氢燃料电池汽车检测与维修技术》，丛书内容覆盖了氢能与燃料电池全产业链完整的知识体系，同时力图与工程化实践做好衔接，立足应用导向，重点推进氢能技术研发的实践设计和活动教学，增进教育链、人才链与产业链的深度融合，可以让学生或在职人员通过学习培训，全面了解氢能与燃料电池产业的发展趋势、技术原理、工程化进程及应用解决方案，具备在氢气制取、储运、加氢站运营、氢燃料电池汽车检测与维修等领域工作所需的基础知识与实操技能。

　　本书邀请来自加氢站设计院、加氢站建设运营企业和加氢站设备制造企业的专家共同编写，就加氢站的技术规范和安全管理进行了详细的阐述，适合从事或准备进入氢能行业的工程技术人员阅读和氢能专业学生学习参考。通过本书的学习不仅可以让学生掌握加氢站的基本概念、分类和工艺流程，初步了解加氢站的技术规范和建设发展，还可让学生基本了解加氢站的安全运营管理要点、加氢站设备维护和应急处置等知识，从而让学生初步具备从事加氢站建设、运营和管理工作的知识和相关技能。

本书结构与编写分工如下：

第 1 章　加氢站安全基础知识（上海氢能利用工程技术研究中心　陈海林、梁阳）

第 2 章　加氢站建设（同济大学　吕洪）

第 3 章　加氢站技术规范（上海燃气工程设计研究有限公司　胡瑛、钟怡）

第 4 章　加氢站运营管理（上海驿蓝能源科技有限公司　阮伟民）

第 5 章　加氢设备和维护（上海舜华新能源系统有限公司　陈华强、李冬梅、李志军、黄泽民）

此外，在本书的编写过程中，上海舜华新能源系统有限公司葛迪女士给予了大力帮助，在此特别感谢。编者同时感谢给予本书启示及参考的有关文献作者。

丛书编写委员会虽力求覆盖完整产业链的相关要点，但新技术发展迅速，编写过程中仍有许多不足，欢迎广大读者提出宝贵的意见和建议，以不断校正与完善图书内容，培养出产业急需的高技能人才。在此特别感谢各有关合作单位的鼎力支持及辛勤付出。

希冀本套丛书能够为氢能产业专业人才提供帮助，为氢能产业人才培养提供支撑，为氢能产业可持续发展贡献微薄之力。

张　真

"氢能与燃料电池产业应用人才培养丛书"编写委员会主任

中国电动汽车百人会氢能中心主任　山东氢谷新能源技术研究院院长

CONTENTS

目　录

第1章 加氢站安全基础知识

加氢站是给氢能交通工具（包括燃料电池汽车和氢内燃机汽车等）提供氢气或掺氢燃料加注服务的场所，伴随着世界各国燃料电池汽车商业化进程的推进，加氢站也在全球范围加快建设。然而 2019 年以来，全球范围内发生多起加氢站安全事故，给蓬勃发展的氢能敲响了警钟。氢气用作化工原料已经有上百年历史，专业人士已熟练掌握氢的特性和安全管理方法，但氢气作为能源应用仍是新生事物，其安全知识仍需普及和重视。因此本书第一章首先介绍氢安全基本特性和加氢站安全基础知识。

1.1 氢安全基础

1.1.1 氢气的安全特性

氢的其原子质量为 1.00794u，在 0℃和 1atm$^\ominus$下的密度仅为空气的 1/14，是自然界已知的最轻的元素，氢气是一种无色无味的气体，易泄漏扩散；氢气在常温常压空气中的爆炸极限为 4%～75%（体积分数）；氢气在常温常压空气中的爆轰极限为 18.3%～59%（体积分数），爆轰速度为 1480～2150m/s[1]；氢气对金属材料有劣化作用，易发生氢腐蚀和氢脆；氢气又是高能燃料，当与空气或其他氧化剂结合着火时，会释放出大量的能量，故氢的使用确实存在着较高的风险。但"知己知彼，百战不殆"，明确辨识了氢使用的危险因素，深化人们对氢气行为和安全特性的认识，对预防氢气应用中的危险事故具有积极的指导意义。

氢气分子质量小，极易泄漏，如果气体通过接头、密封件、多孔材料等发生泄漏，氢气的低黏度和分子较小的特性会产生相对较高的流量。研究表明，在相同的供应压力下，通过相同泄漏路径，氢气的体积流量明显高于甲烷和丙烷[2]。但与此同时，由于分子尺寸较小，氢气的扩散系数比其他气体更高，也就是泄漏后的氢气散逸能力强，有利于泄漏后的迅速扩散；而且，氢的密度为 0.0838kg/m^3（标准温度和压力），远低于相同条件下 1.205kg/m^3 的

$\ominus$ 1atm = 101.325kPa

1

空气密度，因此泄漏到空气中的氢气会在浮力作用下快速上浮。浮力和扩散让泄漏的氢气较快被周围空气稀释，从而不易积聚产生可燃烧气云，即浓度低于爆炸下限（Lower Flammability Limit, LFL）的安全水平。

与大多数碳氢化合物相比，氢的爆炸极限更广，即在标准温度和压力下，按体积计，为4%~75%。经验表明，泄漏的氢非常容易被点燃。点火源包括快速关闭阀门产生的机械火花，未接地的微粒过滤器中的静电放电，电气设备、催化剂颗粒、加热设备产生的火花，通风口附近的雷击等。因此必须以适当的方式消除或隔离点火源，避免在可能发生意外点火源的情况下进行氢气相关操作。氢-空气混合物的点火能量随其成分的不同而变化，在可燃限值处为无穷大。越接近化学计量比，点燃混合物所需的能量越少。在氢-空气混合物的可燃范围内，点火能量几乎变化了三个数量级。对于最易燃的混合物，最小点火能量（Minimum Ignition Energy, MIE）为0.017mJ。除了混合成分外，点火能量还取决于初始压力和温度等其他因素。由于大多数点火源产生的能量超过10mJ，因此如果浓度超过可燃下限，几乎所有常见燃料都会与空气混合点燃。

氢气与天然气、汽油蒸气与安全有关的物理性质参数比较见表1-1。

表 1-1 物理性质参数表

物理性质	氢气	天然气	汽油蒸气
体积含量燃烧范围/(%，体积分数)	4~75	5~15	1~7
体积含量爆炸范围/(%，体积分数)	18.3~59.0	6~36	1.1~3.3
最小点火能/mJ	0.017	0.3	0.3
火焰速度/(m/s)	2.1	0.4	0.3
密度/(kg/m³)（标准状态下）	0.083	0.67	4.14
空气中的扩散系数/(cm/s)	0.61	0.16	0.05
质量能量密度/(MJ/kg)	123	53.6	46
体积能量密度/(MJ/m³)	3200（350bar⊖）	13000（350bar）	31000（液态）

由表1-1可知，与天然气、汽油蒸气相比，氢气爆炸极限宽，点火能小，火焰传播速度快，但是氢气密度小，在空气中扩散系数大，散逸能力强，有利于泄漏后的迅速扩散，氢释放到开放大气和部分受限几何空间（不存在允许氢气积累的条件）中所产生的不良后果会大大减少。

氢气另一个与安全密切相关的特性是氢气会导致金属的机械性能显著下降，这种效应称为"氢脆"。氢脆涉及许多变量，例如环境的温度和压力，氢的纯度、浓度和材料在氢气中的暴露时间，以及材料裂纹前沿的应力状态、物理和机械性能、微观结构、表面条件和性质等。许多氢材料问题涉及焊接或使用不当的材料，许多金属（特别是在高压下）会吸收氢，钢吸收氢后会导致脆化，从而可能导致设备故障。因此氢系统材料的选择是氢气安全的重要组成部分。

⊖ 1bar=100kPa

1.1.2　危险化学品相关法规

危险化学品，是指具有毒害、腐蚀、爆炸、燃烧、助燃等性质，对人体、设施、环境具有危害的剧毒化学品和其他化学品。氢气具有易燃易爆的特点，应该归类于危险化学品。

对于氢气管理，原国家安全生产监督管理总局发布的《危险化学品目录》是重要文件。在《危险化学品目录（2015 版）》中列出了 2828 项化学品组，其中氢的序号为 1648，其危险性类别为易燃气体，类别 1，加压气体。同样，常用的能源材料，如汽油、柴油、天然气、甲醇、乙醇等都列于《危险化学品目录（2015 版）》中。国家安全监管总局办公厅 2015 年 8 月 19 日印发了《危险化学品目录（2015 版）实施指南（试行）》（以下简称《指南》）的通知，并附有危险化学品分类信息表[3]，其中氢气和其他常见燃料的信息见表 1-2。

表 1-2　氢气和其他常见燃料的危险化学品分类信息表

序号	品名/英文名	别名	CAS 号	危险性类别
1022	甲醇 /methanol	木醇，木精	67-56-1	易燃液体，类别 2 急性毒性-经口，类别 3*① 急性毒性-经皮，类别 3* 急性毒性-吸入，类别 3* 特异性靶器官毒性—一次接触，类别 1
1188	甲烷 /methane		74-82-8	易燃气体，类别 1 加压气体
	汽油 /gasoline		86290-81-5	易燃液体，类别 2* 生殖细胞致突变性，类别 1B 致癌性，类别 2 吸入危害，类别 1 危害水生环境-急性危害，类别 2 危害水生环境-长期危害，类别 2
1630	乙醇汽油 /ethanol gasoline			易燃液体，类别 2* 生殖细胞致突变性，类别 1B 致癌性，类别 2 吸入危害，类别 1 危害水生环境-急性危害，类别 2 危害水生环境-长期危害，类别 2
	甲醇汽油 /methanol gasoline			易燃液体，类别 2* 生殖细胞致突变性，类别 1B 致癌性，类别 2 特异性靶器官毒性-一次接触，类别 1 吸入危害，类别 1 危害水生环境-急性危害，类别 2 危害水生环境-长期危害，类别 2
1648	氢 /hydrogen	氢气	1333-74-0	易燃气体，类别 1 加压气体

（续）

序号	品名/英文名	别名	CAS 号	危险性类别
1674	柴油 ［闭环闪点≤60℃］/light diesel oil			易燃液体，类别 3②
2123	天然气 ［富含甲烷的］/natural gas, with a high methane content	沼气	8006-14-2	易燃气体，类别 1 加压气体
2548	液化石油气/petroleum gases, liquefied; petroleum gas	石油气［液化的］	68476-85-7	易燃气体，类别 1 加压气体 生殖细胞致突变性，类别 1B
2568	乙醇 ［无水］/alcohol anhydrous; ethanol; ethyl alcohol	无水酒精	64-17-5	易燃液体，类别 2

① 标记"＊"的类别，是指在有充分依据的条件下，该化学品可以采用更严格的类别。

② 根据应急管理部 2022 年 10 月通知，《危险化学品目录（2022 调整版）》将"1674 柴油 ［闭环闪点≤60℃］"调整为"1674 柴油"。

　　按照《指南》的要求，危险化学品分类信息表是各级安全监管部门判定危险化学品危险特性的重要依据。各级安全监管部门可根据《指南》中列出的各种危险化学品分类信息，有针对性地指导企业按照其所涉及的危险化学品危险特性采取有效防范措施，加强安全生产工作。危险化学品生产和进口企业要依据危险化学品分类信息表列出的各种危险化学品分类信息，按照《化学品分类和标签规范》系列标准（GB 30000.2—2013 ~ GB 30000.29—2013）及 GB 15258—2009《化学品安全标签编写规定》等国家标准规范要求，科学准确地确定本企业化学品的危险性说明、警示词、象形图和防范说明，编制或更新化学品安全技术说明书、安全标签等危险化学品登记信息，做好化学品危害告知和信息传递工作。危险化学品在运输时，应当符合公路、铁路、民航等部门的相关规定。

　　另外，根据 GB 18218—2009《危险化学品重大危险源辨识》，氢气储量≥5t 属重大危险源。按照《危险化学品重大危险源监督管理暂行规定》（国安监 2011 年 40 号令）第八条规定，重大危险源应进行安全评估并确定重大危险源等级。重大危险源根据其危险程度，分为一级、二级、三级和四级，一级为最高级别。重大危险源构成一级或二级的，应当委托具有相应资质的安全评价机构，按照有关标准的规定采用定量风险评价方法进行安全评估，确定个人和社会风险值。《危险化学品生产、储存装置个人可接受风险标准和社会可接受风险标准（试行）》（国家安全生产监督管理总局公告 2014 年第 13 号）进一步明确了上述要求。

　　显然，由于氢气的性质，将氢气列入《危险化学品目录》完全合理，按照危化品管理氢气，对氢气生产的地点、规模，氢气的运输和使用都有一套严格的法规。但值得一提的是，汽油、柴油和天然气虽然也列于《危险化学品目录》中，但国家能源局、工信部及各有关机构对汽油、柴油和天然气都有专项的法规、规章进行管理，以能源管理的要求将这些燃料、能源输送到工厂、企业和千家万户。目前，氢能已经成为能源的新品种，相关的标准规范和法律法规正在不断制定和完善中。相信不久，氢气就会像汽油、柴油和天然气一样，虽然列于危化品目录，但是作为能源使用的氢气，会按照能源管理[4]，这将有利于我国氢能产业的发展。

1.2 加氢站安全风险

1.2.1 加氢站风险评价

风险评价，又称安全评价，是指在风险识别和估计的基础上，综合考虑风险发生的概率、损失幅度以及其他因素。得出系统发生风险的可能性及其程度，并与公认的安全标准进行比较，确定相应的风险等级，由此决定是否需要采取控制措施，以及控制到什么程度。氢能基础设施风险评价已成为近年来国际氢安全领域的研究热点。

风险评价关注的内容通常包括人员伤亡、设备损害、财产损失及环境影响等。目前加氢站尚处于发展阶段，人的安全问题是第一位的，所以目前更多关注的是人员伤亡。按评价的方法分类，风险评价可分为定性评价、定量评价及半定量评价三大类。这三种方法都已用于加氢站的风险评价中，如加氢站发展初期使用的加氢站快速风险评级方法就是一种定性风险评价；半定量风险评价通过打分评估风险，提供了介于定性风险评价的文本评价和定量风险评价的数值计算之间的中间水平；而定量风险评价近年来已成为国际氢安全领域的研究热点，主要原因在于该评价方法不仅能系统地评价氢能基础设施的安全性，并为其风险减缓措施提供指导意见，还能直接用于加氢基础设施相关标准的制定（如安全距离）。

定量风险评价（Quantitative Risk Assessment，QRA）是采用定量化的概率风险值（如个人风险和社会风险），对系统的危险性进行描述的风险评价方法。该方法是针对化工装置而开发的，用来分析和确定易燃易爆和有毒物质泄漏引起的火灾、爆炸和中毒等安全问题。定量风险评价的目的是判断系统当前的安全状态，通过降低风险的措施，将风险控制到可接受水平。

个人风险是指因危险化学品生产、储存装置各种潜在的火灾、爆炸、有毒气体泄漏事故造成区域内某一固定位置人员的个体死亡概率，即单位时间内（通常为一年）的个体死亡率。通常用个人风险等值线表示。对于个人风险，一般考虑以下三方的风险：

第一方风险：加氢站内部员工面临的风险，也称为职业风险。

第二方风险：加氢的顾客如驾驶人和乘客等面临的风险。

第三方风险：加氢站周边道路行人或居民等面临的风险，也称为站外风险。

社会风险是对个人风险的补充，指在个人风险确定的基础上，考虑到危险源周边区域的人口密度，以免发生群死群伤事故的概率超过社会公众的可接受范围。通常用累积频率和死亡人数之间的关系曲线（FN 曲线）表示。

QRA 不仅能系统评价氢能基础设施的安全性，并为其风险减缓措施提供指导意见，还能直接用于加氢基础设施相关标准的制定（如安全距离）。

一般来说，定量风险评价包含风险辨识、概率分析、后果量化、风险度量、风险可接受标准比较几大模块。我国在 2013 年颁布的安全生产行业标准 AQ/T 3046—2013《化工企业定量风险评价导则》中给出了定量风险评价的基本程序，如图 1-1 所示[5]。

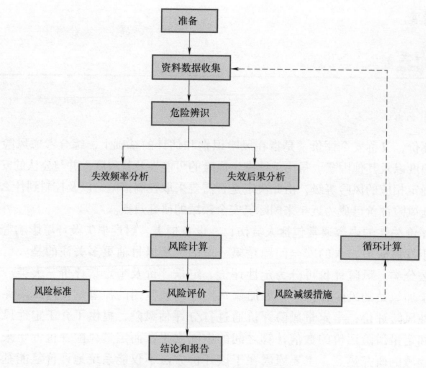

图 1-1　定量风险评价的基本程序

ISO 在其最新版本的加氢站标准中，推荐了一套适用于加氢站的完整 QRA 流程图，如图 1-2 所示[6]。

1）分析范围。选择适当的风险标准，如个人可接受标准和社会可接受标准。

2）系统描述。详细记录所分析的加氢站系统和设备配置，包括分析中使用的风险缓解措施。

3）事故成因分析。为每个事故确定和模拟危险场景，量化每个场景的概率。

4）后果分析。确定每个场景的物理效应，并量化这些效应的影响。氢气事故场景的物理效应包含：热效应和压力效应。

5）风险评估。将成因和后果模型整合到总风险评估中，计算总风险；确定适当的风险缓解措施，以将风险水平维持在可容忍区域内。

总风险计算如下：风险 $= \sum n(f_n c_n)$。

其中，风险为所有 n 个选中场景的总和，f_n 是第 n 个场景的频率，c_n 是第 n 个场景的后果，分别为每种类型的后果计算风险。

1.2.2　加氢站定量风险评价案例

李志勇[7]等对安亭加氢站、世博加氢站均做了 QRA 风险评价。以世博加氢站为例，该站位于世博园区附近，压力为 35MPa，主要为 2010 年世博会的燃料电池汽车加油。平面布置情况如图 1-3 所示。加氢站位于济阳路西侧，长 60m，宽 50m。车站的北侧和西侧是露天场地。南面是东体育场的临时办公楼。济阳路东侧有几栋民居。可以看出，站外有三个潜在的易受伤害目标：临时办公楼的工作人员、济阳路的行人和道路对面的城市居民。

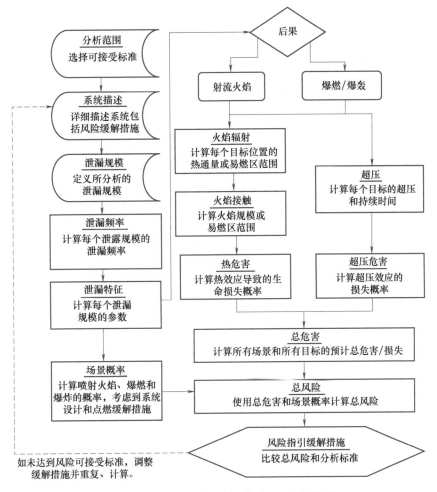

图 1-2　加氢站定量风险评价（QRA）流程图

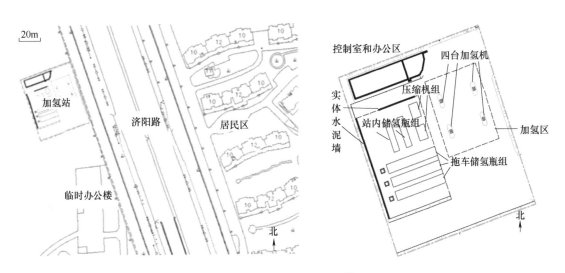

图 1-3　世博加氢站平面布置情况

7

采用 HAZOP 危险辨识技术，事件树分析，建模计算后得到各种事故对加氢站员工经常出入的两个地方——加氢站控制室和加氢区的风险概率，如表 1-3 所示。结果表明，压缩机连接部件处的连续性泄漏和加气机软管破裂导致的连续性泄漏是最大的风险贡献源，对控制室分别贡献了 48% 和 51% 的风险，对加注区分别贡献了 89% 和 11% 的风险。二者相加，对控制室和加氢区的风险贡献率均超过了 99%，这说明要想降低加氢站员工面临的风险，需要优先对压缩机和加氢机采取安全措施。

表 1-3　站内人员控制室和加氢区风险概率

场景	控制室	加氢区
压缩机泄漏	$8.58×10^{-5}$（48%）	$5.76×10^{-4}$（89%）
加氢设备泄漏	$9.11×10^{-5}$（51%）	$7.19×10^{-5}$（11%）
管道泄漏	$2.48×10^{-7}$（<1%）	$2.48×10^{-7}$（<1%）
汽车配件泄漏	$2.60×10^{-7}$（<1%）	$5.90×10^{-7}$（<1%）
其他	$<1×10^{-8}$	$<1×10^{-8}$
总计	$1.77×10^{-8}$	$6.48×10^{-4}$

为了保障加氢站员工的安全，对压缩机和加氢机采取了相应的安全措施，主要包括压缩机上的氢气泄漏检测和紧急制动系统、压缩机周边的氢气探头和自动紧急制动系统（ESD），以及分布在站内的手动 ESD 按钮等。针对加氢机的安全措施与压缩机类似，不同的是在加氢机加气软管上增加了一个拉断阀，以减少软管断裂引发的连续性泄漏事件发生的可能。随着安全措施的增加，对各方风险计算结果见表 1-4 所示，第三方（个人和社会）风险示意图如图 1-4、图 1-5 所示。

表 1-4　风险评价概率结果

		无措施前	有措施后
第一方风险（站内员工）		$6.48×10^{-4}$	$5×10^{-5}$
第二方风险（顾客）		$1.2×10^{-3}$	$1.19×10^{-5}$
第三方风险	个人风险	安全距离为 23m	安全距离为 9m
	社会风险	尽可能降低风险区域	可接受风险区域

最长安全距离定义为从加氢站东边界到 $1×10^{-6}$ 风险等值线的距离；$1×10^{-6}$ 红外轮廓线是基于人们每天 24h 暴露在危险中的一般假设。

根据 EIHP2（European Integrated Hydrogen Programmer 2，即欧盟整体氢计划第二阶段）风险可接受标准，对于第一方风险，每年加氢站员工个人死亡概率不应超过 $1×10^{-4}$；对于第二方风险，每年造成客户一人或多人死亡的重大事故概率不得超过 $1×10^{-4}$；第三方而言，应考虑个人和社会风险，个人风险可接受标准为 $1×10^{-6}$，社会风险可接受 FN 曲线可表示为每年 $F≤1×10^{-3}$/年。可以看到，增加安全措施后，世博加氢站的风险低于风险接受标准的值，在可接受的标准内。

加油站有关风险数据有限，目前可找到的有：1 万座加油站的统计数据表明，单个加油

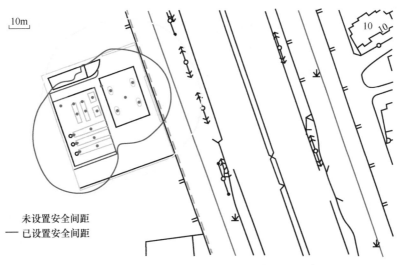

图 1-4 加氢站个人风险轮廓线（风险概率 $1×10^{-6}$/年）

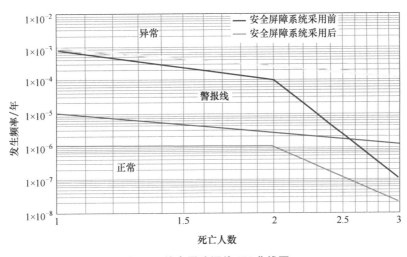

图 1-5 社会风险评价 FN 曲线图

站火灾的发生频率为 $7.4×10^{-2}$/年，其中多数由车辆着火引起，大致为 $4.6×10^{-2}$/年，占比 62%，由汽油泄漏引起的大致为 $3×10^{-3}$/年，占比 4%；单个加油站每年发生的事故中由火灾导致的致死风险为 $2×10^{-5}$/（年·人），致伤风险为 $7×10^{-4}$/（年·人）[8]。从上述数据也可以看出，只要有合理的保障措施，加氢站的危险性并不高于常规的加油站。

Shigeki Kikukawa[9]等对 70MPa 等级的加氢站也进行了模拟风险评价，采用 HAZOP（危险和可操作性研究）和 FMEA（失效模式和影响分析）相结合的识别失效场景方法，分析了 721 个故障场景，还估计了所有失效情况的后果严重性等级和概率等级。通过外推法，估算了 80MPa 冲击压力和射流火焰发生率的影响。此外，还根据评估为处于高风险水平的故障情况，对安全措施进行了检查。研究结果表明，在风险评估期间确定的安全措施，如果准确应用于氢燃料站，可以提供高度的安全性，并且安全距离为 6m（与 35MPa 氢燃料站相同）是足够的。

梁阳等人也对我国两座典型的 70MPa 高压加氢站（国内第一座 70MPa 可再生能源制氢加氢站——大连同新加氢站，及基于管道输氢的上海化工园区加氢母站——驿蓝加氢站）进行了三维量化风险评价研究[10]，三维量化风险评价即是把后果量化部分三维化，所对应的个人死亡率等三维可视化。

大连同新加氢站的三维定量风险评价的结果如图 1-6 所示，个人死亡率在 $1×10^{-6}$/（年·人）至 $1×10^{-4}$/（年·人）之间。

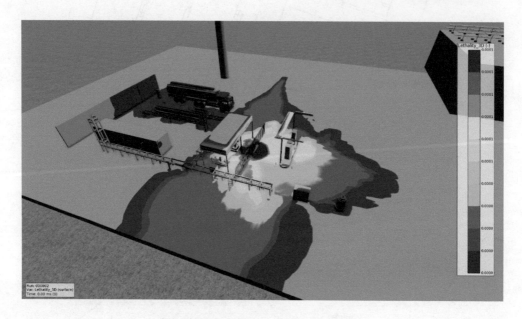

图 1-6　大连同新加氢站个人风险区域图

该站研究结果显示，压缩机和加氢机之间区域的死亡风险最大。压缩机和加氢机区域周边的风险值也较大。而储氢系统周围的死亡风险则较低。压缩机工作时间长，并且由于设计特性，是加氢站中泄漏概率最高的设备。而加氢机需要人工操作且含有软管，同样泄漏概率较高。因此应该在加氢机和压缩机之间采取进一步的风险缓解措施。如在压缩机周围布置防火墙，或在两者之间增加氢气传感器等。

上海化工区驿蓝加氢站的个人风险三维定量评价结果如图 1-7 所示，个人死亡率在 $1×10^{-7}$/（年·人）至 $6.3×10^{-6}$/（年·人）之间。

该站的三维风险评价结果也显示个人风险较高的区域位于压缩机和加氢机周围，尤其是压缩机区域的致死风险最大。因此，当压缩机不需要维护时，应尽量避免人员靠近压缩机。研究表明，在采取周密安全设计后，该站的最大致死频率仅为 $6.3×10^{-6}$/（年·人），小于现在国内国外各种个人可接受的风险标准，因此该站的风险是完全可以接受的。

显然，三维定量风险评估考虑了障碍物对后果的影响，其结果比二维定量风险评估更为准确，而且评估结果的可视化将有助于利益相关者一目了然地观察加氢站的危险区域，也有利于风险缓解措施的部署。

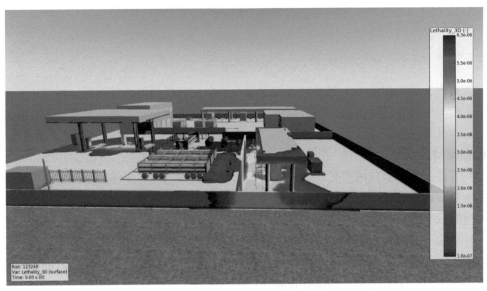

图 1-7　上海化工区驿蓝加氢站的个人风险三维定量评价结果

1.3　加氢站安全防范措施与风险控制对策

1.3.1　加氢站安全防范设计理念

加氢站的设计应严格遵循五层安全防范设计理念，五层设计理念之间的关系为层次递进。

第一层：确保加氢站内氢气不泄漏。而要想实现氢气不泄漏，就要求加氢站工艺系统与设备本身的设计合理并安全。

第二层：若加氢站内设备泄漏可及时检测到，并预防进一步泄漏扩散。这需要加氢站设计严格的安防控制，设置可燃气体检测报警系统及紧急切断系统等。

第三层：加氢站即使发生泄漏，也不产生积聚。这要求加氢站内的建筑/构筑物设计合理，加氢站内尽量不留氢气易集聚的死角。易发生可燃气体泄漏的房间均应设置机械排风系统，并应与可燃气体检测报警系统连锁控制。

第四层：杜绝点火源。加氢站需建立严禁烟火制度，相关氢气设备采用防爆设计，所有可燃介质的设备管道及其附件采取防静电措施，以消除或减少静电积累的可能性。

第五层：万一发生火灾也不会对周围产生影响或影响小。这需要相应的安全缓解措施来实现。如设计防爆墙、采用合理的防火间距、配备相应的消防设施等。

五层安全防范设计理念的关系为层次递进，即首先保证加氢站尽量不发生氢气泄漏事故；一旦发生泄漏事故，加氢站内安防系统也能发生检测到，并防止氢气进一步泄漏扩散；若没能及时制止氢气泄漏，也要求氢气不能集聚，可以快速逃逸，而不产生可燃气云；即使有可燃气云产生，也要严格杜绝点火源，防止从泄漏事故升级为火灾事故；万一存在点火源发生火灾，也要尽量把影响降至最低。

目前，我国已制定了一系列与加氢站相关的标准，加氢站设计应严格执行这些标准，本书第3章将对此重点介绍。

1.3.2 加氢站内主要安防设施

加氢站内安全防护设施主要针对氢气泄漏及其产生的燃烧爆炸等后果，通过一系列的安全防护流程，对潜在危险源进行预警与处置。安防设施主要包括监测与预警设施、预防防护设施与应急处理设施。

1. 监测与预警设施

监测组件主要由氢气浓度传感器组成，其被设置在加氢机、压缩机、储氢瓶等关键设备处，覆盖全部涉氢设备区域，用于监测当前区域内的氢气浓度值，判断是否发生氢气泄漏事故以及泄漏后点燃/闪火等发生的概率。一旦探测到氢气泄漏信号，报警信号就将传到控制中心，并在第一时间切断氢气供应。另一方面，也需要对氢气储存容器设置压力传感器，监测容器内压力的变化，发生异常时也需要进行报警，保证容器的密封性以及内部压力处于正常范围内，不会产生泄漏与物理爆炸风险。

2. 预防防护设施

为了避免发生射流火/闪火/爆炸等恶性事故以及产生的危害后果，需在加氢站中设置防护设施，如避雷带（网）、导电线、防爆墙、拉断阀等。避雷带（网）可以有效降低加氢站遭受雷击危害的可能性，导电线则可以将电气设备中产生的静电与电火花及时转移，避免与氢气接触发生爆炸。防爆墙则可以设置在氢气存放区周边，减少发生事故后人员与财产损失。拉断阀则是在氢气输送软管发生意外断裂时，拉断阀可以自动关闭阻止氢气持续输送。

3. 应急处理设施

应急处理设施主要针对已发生氢气泄漏事故或后续事故情况，主要包括紧急制动系统与消防系统。紧急制动系统可以在接收到监测系统的预警信号后，及时切断气源防止持续泄漏，另一方面，操作人员也可以通过控制中心或设施本身进行关闭操作。另外，洒水喷淋设施、氮气吹扫装置等自动投入工作，操作/消防人员可以使用灭火器等设备，降低区域氢气浓度，减少后续事故发生的可能性。

1.3.3 氢气泄漏及其后果的风险控制对策

加氢站的风险主要来自于氢气泄漏以及由氢气可燃云团导致的燃烧和爆炸危害。因此，控制加氢站风险的主要就是控制氢气泄漏风险、燃烧风险（射流火焰和闪火）和爆炸风险（物理爆炸和气体云爆炸）。五个方面风险的控制方法和具体安全措施详述如下。

1. 氢气泄漏风险控制措施

氢气泄漏可能来自于高压储氢容器的突然爆破，也可能来自部件连接处的小孔泄漏。由于氢气分子量最小，相对密度最小，故在连接部件处发生泄漏的可能性较大，这一类型的泄漏占到了加氢站泄漏总数的90%以上。减少氢气泄漏风险控制的方法可以从两方面入手，一方面是减少氢气泄漏事件发生的次数即降低泄漏频率，另一方面是减少氢气泄漏持续的时间。

（1）降低氢气泄漏频率

降低氢气泄漏频率的方法有多种，一般来说，通过减少连接部件的个数，可以有效降低泄漏的次数。另外选择合适的连接方式也尤为重要，氢气管道的连接应采用焊接，有特殊要求时可采用卡套接头，氢气管道与设备、阀门的连接，可采用法兰或螺纹连接等方式，在螺纹连接处，应采用聚四氟乙烯薄膜作为填料。氢气管道法兰、垫片、要符合国家标准 GB 50516—2010《加氢站技术规范》的要求。

（2）减少氢气持续泄漏的时间

氢气长时间连续泄漏会造成较大危害。由于氢气很快扩散，少量的氢气泄漏未必会造成危害，因此采取必要的安全措施能够在发现泄漏的第一时间切断气源，减少氢气泄漏持续的时间显得尤为必要。加氢站加氢机、压缩机、储氢瓶等关键设备都应设有氢气泄漏传感器，且覆盖所有设备区域。传感器与紧急制动系统连接，一旦探测到氢气泄漏信号，系统能自动切断运行，并将报警信号传到控制中心。另外，加注常用的加气软管上必须设置有拉断阀，保证软管意外断裂时拉断阀两端能自动关闭。

2. 射流火焰风险控制措施

氢气无毒且密度小、易扩散，氢气泄漏到空气中如果不发生点燃，会很快逸散至大气中，不会构成危害。因此加氢站风险控制很重要一点就是尽量减少氢气泄漏后发生点燃的隐患，主要包括控制明火、摩擦火花、静电火花、电火花、雷击等。对于这些火源，必须采取严格的预防措施。

（1）预防明火

氢气设备包括储氢瓶、输氢管道、压缩机、加气机等，应远离预计存在的明火。加氢站的选址和站内布置应参考上海市政工程建设规范 DGJ08-2055-2009《燃料电池汽车加氢站技术规程》，或严格依照国家标准 GB 50516—2010《加氢站技术规范》，与站外建、构筑物保证足够的防火间距。站区内应该绝对禁止烟火，除了站内员工良好的培训和管理外，同时必须设置足够醒目的严禁烟火警示牌。

（2）预防摩擦和静电

在传统加油和加气站内，摩擦往往成为引起火灾爆炸事故的原因。对加氢站而言，由于氢气可燃浓度范围较广，为 4%～75%，高于甲烷的 5%～15%，点火能很低，仅为 0.02mJ，低于甲烷的 0.29mJ，因此氢气可燃云团在摩擦和静电火花中更容易被点燃。例如，加氢站内拖车进站时与地面摩擦或车上本身机器轴承摩擦，氢气在卸气、流动、输运、压缩、加注等过程中与器壁不断进行摩擦从而产生静电，当静电荷聚积到一定程度时就可能发生火花放电。因此，加氢站一方面要注意设置充分的静电接地措施，导走或消除导体上的静电，另一方面，地面应采用不发火材料铺设，并应禁止穿带铁钉的鞋。在安全管理方面，人员进站需要首先触摸导电金属球，导走身上多余的静电。

（3）防止电气火花

普通的电气设备很难完全避免电火花的产生，非防爆型的电气设备处于站区内氢气设备构成的爆炸性气体危险区域内时，将存在较大的安全隐患，因此加氢站站内电气设计须按防爆范围等级采用合适的防爆电器，避免可能泄漏氢气遇电火花而发生燃烧或爆炸。氢气化学活性高，点火能较低，因而易燃；燃烧速度快，因而非常易爆，爆炸可能要远高于天然气等可燃气体，因此建议按危险程度较高的级别选用防爆电器设备，且所有电器均应满足防爆要求，包括附属设施如照明系统、通风设施等也应纳入

13

考虑。站区内电缆应尽量采用直埋地敷设，由于氢气相对密度较低的关系，不会在电缆沟内积聚，安全性较高。

（4）防雷电

与加油加气站类似，充分和防雷和接地措施对加氢站而言是必须的。加氢站防雷设施的设置要符合 GB 50057—2010《建筑物防雷设计规范》、GB 50058—2014《爆炸危险环境电力装置设计规范》的要求。与传统的加油和加气站要求油罐和压缩天然气储气瓶组防雷接地点不应少于两处类似，加氢站也应要求储氢容器防雷接地点不少于两处。雷电一般分为直击雷和感应雷，传统加油站防雷主要防止这两类雷击危害。加氢站由于存在氢气放空管等设施，因此防雷设施不仅应防直击雷和防雷电感应，也要能够防雷电波侵入。与加油站和加气站类似，加氢站的站房和加氢岛罩棚等建筑、构筑物需防直击雷时，应采用避雷带（网）保护。此外，加氢站的信息系统，应采用铠装电缆或导线穿钢管配线，配线电缆金属外皮两端、保护钢管两端均应接地。

（5）特殊保护区建实体墙

上述控制火源措施虽能降低氢气泄漏后发生点燃的概率，但并不会完全消除氢气泄漏的可能，氢气泄漏后依然有机会立刻被点燃形成射流火焰，因此仅有上面的预防措施是不够的，仍旧需要考虑适当事后安全措施，即万一射流火焰形成后，如何能有效降低其危害。建实体墙阻隔射流火焰，不仅可将保护人群和火焰隔离，同时还能显著降低氢气射流的速度，缩小射流火焰的传播距离从而降低其危害。例如，建一实体墙把压缩机和站内储氢瓶区与加氢站站房隔离开来，可以保护站房内员工和变配电室等电气设备。这一实体墙实质上还可以有效阻隔氢瓶爆炸产生超压危害，因此也称为防爆墙。

（6）布置火焰探头、紧急制动、消防设施等

射流火焰一旦发生后，除了保护受害人群外，应及时采取措施减少火焰持续的时间以及尽早灭火。氢气火焰无色不易被人感知察觉，因此设置氢气火焰探测器尤为必要，并且该探测器应该与站内紧急制动系统和消防系统连锁，一旦探测到氢气火焰，系统会立刻自动切断气源，阻断氢气供应防止持续泄漏，同时相应的应急消防系统启动，如洒水喷淋设施、氮气吹扫装置、灭火器等预先布置在站内的消防设施均应投入使用。此外，配套的日常消防安全管理制度，对员工良好的消防培训，使其具备处理应急突发事故的能力也是不可或缺的安全措施之一。

3. 闪火风险控制措施

氢气泄漏到空气中，与空气中的氧气充分混合形成可燃气体云团，点燃后可形成闪火。可见闪火形成有两个必要条件：

1）必须预先形成可燃气体云团。

2）可燃云团必须被点燃。

因此，控制闪火风险就可以从上述两个方面入手。对于第二个方面主要通过控制火源来实现，与之前的射流火焰风险控制措施类似，此处不再讨论。这里我们主要针对第一方面，即如何有效阻止可燃气体云团的形成，从而达到有效降低闪火风险。此外，如果上述措施失效即闪火一旦发生，也要采取适当的安全措施，降低闪火的危害，这个我们将在下面（3）、（4）点中提及。

（1）采取易于易燃气体扩散的措施

氢气容易扩散的特性使得氢气非常容易在敞开空间的大气中逸散，从而减少了形成可燃云团的可能，但如果是封闭空间或半封闭空间则恰好相反，氢气可以非常迅速与空气混合形成可燃混合气，因此整个加氢站的设计要尽量满足开敞空间，即使建有防雨顶棚，顶棚的设计也要采用开放式设计，不留可能发生气体聚集的死角。考虑到封闭的空间不利于氢气扩散，易于形成可燃混合气体，因此所有氢气设备均不得放在室内。对于处于爆炸危险区的房间，要采取良好的通风排气措施，以防止泄漏的可燃物含量达到可燃下限。氢气要防止在高处死角处积聚，有时即使是少量也会使房间局部空间可燃气体浓度达到燃烧限。参照油气加注站对通风排气的要求，建议一般是使室内可燃气体浓度低于可燃下限的 1/4。

（2）采用氮气吹扫

在氢气容易发生大规模泄漏的区域内，如高压储氢瓶附近，可放置氮气瓶组，一旦探测到氢气泄漏，立即采用氮气吹扫，稀释氢气云团，可以在一定程度上降低氢气泄漏发生后形成可燃云团的可能。当然，氮气吹扫设备需要占用一定的空间，一般意义上，增加任何设备的摆放都会增加加氢站设备的拥堵程度，也就是增大了受限空间形成的可能，这使得闪火发生后转变为气体云爆炸的概率增大，因此增加氮气吹扫设备，要充分考虑加氢站内的设备间距合理摆放。

（3）抬高氢气设备

氢气设备的抬高意味着泄漏高度的增加，从而抬高了整个可燃气体云团，能显著降低闪火对近地面的有害影响距离，从而在一定程度上降低闪火的风险水平。这启示我们可以把设备抬高作为降低闪火风险的有效措施之一。

（4）布置火焰探头、紧急制动、消防设施

与之前射流火焰风险控制类似，这里不再赘述。

4. 物理爆炸风险控制措施

引发高压储氢容器突然爆炸的原因可能有多种，除了材料老化，容器本身结构缺陷外，通常是由于容器过热或过度充装。要避免此类事件的发生，主要应当从防止过热和防过充装两个方面入手。另外，如果万一发生爆炸，要有相应的措施来尽可能减少爆炸带来的危害。

（1）防止高压储氢容器过热

导致高压储氢容器过热的原因可能有多种，夏季的高温暴晒是可能的诱因之一，这种情况通常可以考虑在储氢设施上方增设喷淋降温装置，或者上方采取防晒措施如建设棚顶等。当然棚顶的建设依然要采取利于氢气扩散的开敞设计，不留可能发生气体聚集的死角。此外，充装速度多快也可能导致氢瓶温升过快从而导致过热，由于氢气加注的焦汤效应为负，温升效果非常明显，因此在加氢站气体充装工艺的设计上，要充分考虑流速流量的控制，不仅要考虑充装的快捷性，更要把充装的安全性放在首位。目前应用在加氢站上的多级加注策略，对控制温升也具有一定的效果。

（2）防止过度充装

过度充装会导致容器压力过载，超过设计压力承受限值时就会引发容器爆炸。过度充装问题，主要一方面应由加注流程操作管理上来避免，加氢员应严格按照操作流程来完成氢气加注操作。另一方面，要有相应压力报警器和紧急制动系统在压力超过一定限值时紧急切断气源。此外，安全阀和爆破片等安全泄压措施，也可作为压力过载的最后一道屏障。

（3）特殊区域建防爆墙

储氢容器突然爆炸产生的超压和容器碎片可对人产生致命的危害，虽然这种事件发生的概率很低，但对经常出入加氢站的员工和加氢站其他敏感设备而言仍可能构成威胁，对于特殊需要保护的区域，可考虑建立防爆墙隔离。例如，建起实体墙把压缩机和站内储氢瓶区与加氢站站房隔离开来，可以有效阻隔氢瓶爆炸产生超压危害，保护站房内员工和变配电室等电气设备。

（4）氢气燃烧和爆炸风险防范

储氢容器突然爆炸导致大量氢气泄漏，氢气与空气混合形成可燃气体云团，在点燃的情况下可引发闪火或气体云爆炸。闪火风险的防范措施与上面相同。

5. 氢气可燃云团爆炸风险控制措施

氢气可燃云团在点燃的情况下发生闪火，在空间受限的情况下可进一步演变为气体云爆炸，由于氢气燃烧速度较快，因此发生气体云爆炸的可能要高于天然气等常见可燃气体。因此气体云爆炸风险防范显得尤为重要。除了防止氢气可燃云团的形成、防止点火等方法外，与闪火风险控制的差别在于，要特别控制受限空间或半受限空间。加氢站内的设备要尽可能分散安置，防止由于设备过密导致的受限空间，整个加氢站的设计要尽量满足开敞空间，顶棚的设计也需开放式设计，尽可能降低氢气可燃云团受限的可能。

1.3.4 加氢站事故案例分析

2019 年 6 月 10 日，挪威首都奥斯陆 Sandvika 地铁站附近的 KJØRBO 加氢站发生着火爆炸，导致附近一辆非燃料电池车的安全气囊被激发，造成两名乘客震伤。据目击者称，现场有一声较大的爆炸声和数声小爆炸声。这是继 2019 年 5 月韩国江原道氢燃料储存罐爆炸、2019 年 6 月初美国加州圣塔克拉拉储氢罐泄漏爆炸之后，两个月之内发生的第三起加氢站和燃料电池领域的爆炸事故，如图 1-8 所示。

图 1-8 挪威 KJØRBO 加氢站爆炸事故

事故发生后，加氢站系统提供方 Nel 公司暂时关闭了在挪威的所有加氢站和德国的四座加氢站，丰田和现代也暂停了燃料电池车在挪威的销售。

2019 年 6 月 10 日事故过程回顾：

下午 5∶30 分，KJØRBOUno-X 加氢站开始发生氢气泄漏并着火。

下午 5:37 分，紧急响应人员到场。

下午 5:40 分，Nel ASA 接到事故报告。

下午 5:41 分，加氢站附近的 E18 和 E16 高速公路关闭。

下午 5:47 分，加氢站周边 500m 安全区划定。

下午 7:28 分，消防机器人进驻加氢站进行降温作业。

下午 8:14 分，E18 公路 Sandvika 段重新开放。

下午 8:14 分，消防局确认加氢站火势得到控制。

这个加氢站是 Nel 公司建造。根据 Nel 的分析报告，事故始于高压储存单元的氢泄漏，直接原因在于储氢罐接头处螺栓装配错误。图 1-9 中的绿色螺栓安装时正确拧紧，而蓝色螺栓没有正确拧紧。刚开始时，红点区域开始微小泄漏，泄漏量不断增大，氢气向蓝点区域移动，导致蓝点密封区域压力增加，逐渐使螺栓翘起密封失效，氢气大量扩散至空气中，而储氢罐周围存在一定的阻塞度，氢气没能快速逃逸，而是形成可燃气云，最终被点燃后起火爆炸。起火原因还未查明，不排除高压泄漏的氢气喷射在相邻设备上或粗糙地面上，形成激波而自燃的可能性。

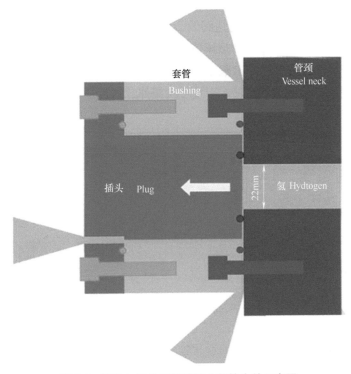

图 1-9　事故加氢站储氢罐接头螺栓失效示意图

Nel 称，这种接头设计是欧洲独有的。Nel 在挪威有三个加氢站使用带有这种接头的储氢罐。在德国和冰岛，Nel 还有 7 个使用同类接头的加氢站。而韩国和美国的加氢站使用的是不同的接头，不存在泄漏风险。Nel 提出了他们将在爆炸后引入的四项措施以保障加氢站的安全性，包括：

1）使用经过验证的接头解决方案，检查欧洲的所有高压存储装置，重新拧紧所有螺栓。

2）更新高压存氢装置的装配程序，引入新的安全系统/程序（航空航天标准）。

3）改进泄漏检测系统。

4）控制/预防起火，如表面更光滑，避免碎石，增加通风和防爆措施等。

显然，如果定期检查，这起事故很可能不会发生。即使发生氢气泄漏事故，如果被及时检测到并触发紧急切断，也可能不会造成后续的火灾事故。

发生事故后，Nel 公司联系安全咨询公司 Gexcon 进行事故调查。根据 Gexcon 的调查结果，现场为 3s 内释放了 1.5~3.0kg 的氢气。通过对高压储氢单元进行泄漏模拟，泄漏孔径 4.4mm，初始泄漏速率为 640g/s，泄漏 3s 后爆炸能量最大，泄漏的氢气质量为 1.3~2kg，氢气云体积为 $13 \sim 18m^3$。如果直接点燃该气云，计算软件 FLACS 判定该事故为闪火事故（爆燃），造成的超压值仅为 0.01~0.02bar，完全不足以破坏围栏及远处的玻璃，不能还原该事故的真实情况。

因此，需要考虑该事故为一起爆燃转爆轰（DDT）事故，重新进行仿真。按照重新仿真的结果，写字楼地面侧的超压值为 45mbar，经建筑物反射后达到 90mbar（大于 70mbar 的玻璃破坏标准），拐角处则达到约 200mbar（这解释了为何拐角处玻璃受损尤为严重）。而氢气设备内部的局部最大超压值达到 10bar，最大脉冲达到 750Pa/s。这足以将围栏破坏，并将 75kg 重的围栏冲出数十米（图1-10）。另外，内部较大的超压值可能将破坏压缩机等氢气设备，导致氢气泄漏，引发 2 次爆炸，这也是为何有目击者称听到了不止一声爆炸声。

图 1-10　事故加氢站爆炸仿真分析

上述加氢站事故发生在氢能加速商业化推广的 2019 年，而且发生在发达国家，可以说给全球氢能产业都敲响了警钟。安全是发展的前提和保障，这些事故提醒我们必须充分认识氢能产业安全发展的重要性和加强安全措施的紧迫性。现阶段，我国氢能产业发展正处于起步阶段，正处于安全事故易发时期。氢能产业的链条较长，从氢气制取、储运、加注、车载用氢，从生产企业到终端用户，需尽快完善整个产业安全体系，提升安全生产、防灾减灾、应急救援保障能力，满足全社会对氢能产业安全发展的新需要，以引导整个行业的健康安全发展。

课后习题

一、填空题

1. 氢气在空气中的爆炸极限是_____（体积分数），爆轰极限是_____（体积分数）。

2. 氢气的最小点火能是_____。

二、简答题

1. 氢气是危险化学品吗？请列出几种常见的危险化学品。

2. 请简述加氢站量化风险评价的基本流程。

3. 加氢站安全防范设计有哪些重要理念？

参 考 文 献

［1］ 中国国家标准化管理委员会. 氢系统安全的基本要求：GB/T 29729—2013［S］. 北京：中国标准出版社，2013.

［2］ SWAIN M R, SWAIN M N. A comparison of H2, CH4, and C3H8 fuel leakage in residential settings［J］. International Journal of Hydrogen Energy, 1992, 17（10）：807-815.

［3］ 国家安全监管总局. 危险化学品分类信息表［DS］. 北京：中国标准出版社，2015.

［4］ 毛宗强. 氢安全［M］. 北京：化学工业出版社，2020.

［5］ 国家安全生产监督管理总局. 化工企业定量风险评价导则：AQ/T 3046-2013［S］. 北京：中国标准出版社，2013.

［6］ ISO 19880-1 Gaseous hydrogen fueling stations：Part 1：General requirements［S］. 2020.

［7］ LI Z Y, PAN X M, MA J X. Quantitative risk assessment on 2010 Expo hydrogen station［J］. International Journal of Hydrogen Energy, 2011, 36（6）：4079-4086.

［8］ National Fire Protection Association. Fires in or at service stations and motor vechicle repair and paint shops［R］. NEPA, 2002.

［9］ KIKUKAWA S, YAMAGA F, MITSUHASHI H. Risk assessment of Hydrogen fueling stations for 70MPa FCVs［J］. International Journal of Hydrogen Energy, 2008, 33（23）：7129-7136.

［10］ LIANG Y, PAN X, ZHANG C, et al. The simulation and analysis of leakage and explosion at a renewable hydrogen refuelling station［J］. International Journal of Hydrogen Energy, 2019（44）：22608-22619.

第 2 章　加氢站建设

加氢站是燃料电池汽车实现商业化的关键基础设施之一，加氢站的建设数量及普及程度决定了氢燃料电池汽车的商业化进程。美、日、欧盟等主要国家和地区将燃料电池汽车和加氢站纳入国家或地区战略发展体系进行规划，设立专项进行研发与示范推广。2016 年以来，我国多地陆续出台燃料电池汽车产业规划和扶持政策，在碳达峰、碳中和战略目标下，国家层面的氢能中长期战略发展规划也于 2022 年 3 月出台，我国加氢站的建设发展步入快车道。本章将介绍国内外加氢站发展现状，加氢站技术方案，以及加氢站选址规划和建设流程要点。

2.1　加氢站发展现状

2.1.1　国际加氢站发展现状

从全球加氢站的建设和运营的角度来看，根据中国氢能联盟统计，截至 2021 年底，全球共有 685 座加氢站投入运营，且有 252 个加氢站待建。值得注意的是，在 2021 年一年内，全球有 142 个加氢站投入运营，再一次刷新纪录。西班牙和新西兰这两个国家都首次宣布了几个新站的具体位置。匈牙利和斯洛文尼亚新加入提供加氢设施的国家名单。现在全球共有 33 个国家或地区可以提供加氢服务。

根据 H2stations.org 统计，截至 2021 年底，欧洲有 228 个加氢站，其中 101 个在德国。法国仍以 41 个加氢站位居欧洲第二，其次是英国（19 个）、瑞士（12 个）和荷兰（11 个）。亚洲共有加氢站 363 座，其中日本 159 座，韩国 95 座，中国 105 座。韩国在 2021 年的新增加氢站数量最多，有 36 个，并且正在不断扩大所有燃料电池电动汽车的基础设施。北美有 86 个加氢站中，其中有 60 个位于加利福尼亚州，且有 11 个加氢站是在 2021 年投入运营。

从以上数据可以明显看出，世界上基本的加氢站设施数量尚未达到燃料电池汽车行业的要求。但是我们可以看到，世界上许多国家和地区都对氢能的发展持乐观态度。他们一直在积极筹集资金，并进行加氢站的建设。此外，它们中的大多数已经相继发布了氢燃料基础设施建设的支持政策和发展计划。这为大规模加氢站的运行积累了很多有价值的数据和经验。

1. 日本加氢站建设进展

截至 2021 年底，日本有 159 座加氢站正在运营。日本加氢站相对集中于关东、中部及九州地区，围绕东京、大阪、名古屋、福冈四大城市圈为中心而建。

JXTG 能源集团、日本岩谷产业株式会社和日本加氢站网络联合公司作为日本加氢站的主要运营商，其他运营商有大阪燃气有限公司、三重氢站有限责任公司、出光兴产株式会社、广岛丰田公司等。为保证加氢站商业运营的经济性，日本加氢站都采取分时运营的方式，且部分站需要提前预约。部分站点为多功能加氢站，包括 1 座可加注氢气、汽油、CNG 和 LPG 的综合加注站，3 座可加注氢气、CNG 和 LPG 的加氢加气合建站，2 座站内建有便利店的加氢站。

为了推动日本国内的加氢站战略部署，2018 年 3 月，由丰田、本田、日产三大汽车厂商和 JXTG 能源集团、出光兴产株式会社、岩谷产业株式会社、东京燃气株式会社、东邦燃气株式会社、日本液化空气公司等六家能源或气体公司，以及丰田通商和日本政策投资银行两家金融投资机构合计 11 家公司共同投资创建 Japan H_2 mobility 有限责任公司（JHyM），负责加氢站建设和运营，并宣布将在未来 4 年内战略性地投资新建 80 座加氢站。

日本政府为推动加氢站的建设，早在 2002 年就由日本经产省（METI）资助开展了 JHFCD（Japan Hydrogen& Fuel Cell Demonstration）项目，对多种技术类型的加氢站进行技术示范与验证研究。2014 年 6 月日本经产省发布了《氢能与燃料电池战略路线图》，总结了氢气制造、运输、存储、利用各阶段的目标和实现目标所需产业界、教育界和政界的努力，其中计划 2015 年燃料电池车加氢站增加到 100 座。2016 年 3 月，日本经产省发布《氢能与燃料电池战略路线图》的修订版，其中，加氢站发展的节点目标修订为"到 2020 年建立 160 座加氢站、到 2025 年建立 320 座加氢站"。2019 年 3 月，日本经产省再次对《氢能与燃料电池战略路线图》进行修订，2025 年达到 320 座的数量目标不变，但要大幅降低加氢站的建设运维费和关键设备成本，其中建设费从 3.5 亿日元减至 2 亿日元，运维费要从 3400 万日元/年降至 1500 万日元/年。

从战略路线图的调整可以看出，日本政府及业界推进燃料电池汽车及加氢站本着非常务实的态度，没有盲目追求早期设定的数量目标，而是根据实际情况不断修正目标，制定更多务实的政策。例如，为了缓解建设加氢站所需的巨额建设成本，推动加氢站的建设，日本政府专门制定了"氢气供给设备整备事业费辅助金"制度，自 2013 年起对加氢站建设项目给予补贴，补贴政策动态调整，除补助加氢站的建设成本外，对于加氢站的运营，日本政府也提供补贴，补贴金额为运营费用的 2/3，根据加氢站类型有上限规定。

2. 美国加氢站建设进展

截至 2021 年底，美国运行中的加氢站总计 86 座，其中有 60 座位于加利福尼亚州，且全部为公众开放的零售加氢站。加州开放的零售加氢站中，有 37 座为 24 小时运营；在可查询供应规模的加氢站中，其日供应规模在 37~350kg/天的范围之内，大多小于 200kg/天。39 座零售加氢站可实现 35MPa 和 70MPa 双压力加注，其余只能提供 70MPa 加注。在氢气来源方面，40 座加氢站的氢气是从加氢站之外运输而来，其中，气态管束车运输的有 30 座，液态槽车运输的有 5 座，氢气管道运输的有 5 座；1 座加氢站采用现场电解水制氢和气态管束车运输相结合的方式；其余 4 座加氢站则采用现场制氢的方式，其中 3 座采用电解水制氢，1 座采用天然气重整制氢。

加州之所以成为美国甚至全球加氢基础设施最密集的地区之一，主要是因为政府层面一系列促进政策的支持和推动（表 2-1）。正因为有了这些政策和项目的支持，在政府与工业界的紧密合作下，美国加州的加氢站才得以较快地发展起来。根据加州发布的计划，其目标是到 2025 年建成 200 座加氢站。

除了加州本地的推动外，在美国联邦政府层面，美国能源部与汽车制造商以及其他主要利益相关者于 2013 年 5 月发起了 H2USA 公私合作关系，来应对建设氢能源基础设施所面临的关键挑战。2015 年美国能源部进一步提出大规模融合氢能（H2@ Scale）的能源系统概念，推动氢能大规模生产与应用。

美国氢能与燃料电池协会在 2019 年发布了《美国氢能经济路线图》，针对美国的氢能和燃料电池产业发展提出了宏大的发展目标，其中美国加氢站的发展目标如下：2022 年 110 座，2025 年 580 座（日供氢 500kg，不包括叉车加氢站），2030 年 5600 座（日供氢 1000kg，不包括叉车加氢站）。

表 2-1　加州地区加氢站推广政策及项目一览

时间	政策或项目内容
2012 年	加州燃料电池伙伴计划发布了加州氢燃料电池路线图，提出构建加氢站基础网络，为氢燃料电池电动汽车商业化做好准备工作
2012 年	美国国家可再生能源实验室（NREL），发布了"加州地区加氢站法规标准模板"
2013 年	加州众议院通过第八号法案，为最初的加氢站网络（至少为 100 座加氢站）提供资金支持
2015 年	加州政府州长经济发展办公室发布了第一版"加氢站许可指南"
2017 年	加州能源委员会宣布将通过 Grant Funding Opportunity（GFO）16-605 基金，在加州地区将继续建设 16 个高容量加氢站，扩大现有的加氢站网络

3. 欧洲加氢站建设进展

目前，全欧洲运行中的加氢站约有 228 座，其中德国数量最多，拥有 101 座，紧随其后的是法国和英国，分别有 41 座和 19 座。除此之外，丹麦、挪威、瑞典等北欧国家对推广燃料电池汽车和建设加氢站也很积极，三个国家都有自己的氢能推进组织，他们进一步合作构成了斯堪的纳维亚氢能高速公路伙伴计划来协作推进地区加氢站网络。目前丹麦有 10 座加氢站，挪威有 9 座，瑞典有 4 座。特别是丹麦，如果考虑其人口密度及国土面积，他可能是目前加氢站网络最为完善的国家。

德国加氢站的快速发展无疑也得益于政府和产业界的合作推动（表 2-2）。最具代表性的是 2013 年 9 月由法液空、戴姆勒、林德、OMV、壳牌和道达尔发起 H_2 Mobility 计划。该项目计划以 3.9 亿美元的资金投入使 2023 年德国加氢站增加到 400 座，高速公路沿线相邻两座加氢站之间的距离不超过 90km，且德国主要大城市至少拥有 10 座加氢站。

表 2-2 德国加氢站推广政策及项目一览

时间	政策或项目内容
2002 年	CEP（Clean Energy Partnership）合作计划由德国交通运输部和相关行业领导者联合倡议成立，CEP 为氢能技术制定了通用的标准和规范，是德国的氢能基础设施扩张的基石和开创性的示范项目
2004 年	德国政府牵头成立了国家氢能与燃料电池组织（NOW GmbH），以支持氢能经济的初期发展
2006 年	德国政府、产业界和学术界联合出台"氢能和燃料电池技术国家创新计划（NIP）"
2012 年	德国交通与数字化基础部（BMVI）和企业界联合签署一份关于未来氢气供应的合作文件：联合开发加氢站网络
2013 年	H₂Mobility 计划启动
2016 年	德国政府通过了第二阶段（2016-2026）的氢能和燃料电池国家创新计划（NIP 2）

除德国国内的政策和项目外，德国的加氢站建设也从欧盟获得支持。自 200 年以来，欧盟通过 CUTE、HyFLEET、CHIC、HYFIVE、HYTRANSIT、H2ME、JIVE 等一系列项目持续支持欧洲各国的加氢站建设和燃料电池汽车示范运行，取得了良好的效果。例如 H2ME 项目（2015-2020），总投资约 1.7 亿欧元，计划资助 49 个加氢站的建设，构建泛欧加氢站网络。

2.1.2 国内加氢站发展现状

总体而言，2021 年是全国加氢站建设非常积极的一年，根据势银（TrendBank）及香橙会氢能数据库不完全统计，2021 年我国在建和计划建设各类加氢站 101 座，累计建成和在建加氢站 255 座，下半年的建设速度有明显提速。国内加氢站建设的浪潮兴起于 2017 年，爆发于 2018-2021 年，目前仍处于爆发前期，每年新增加氢站数量仍在不断快速增长。2021 年度，新建成加氢站数量排名前三的省份依次为广东、山东、江苏，而上海、北京和湖北并列第四。除了珠三角、长三角、京津冀等一直以来建站比较积极的区域外，2021 年也看到了大量新进入的省市，例如云南、江西、陕西等均在 2021 年建成了首座加氢站。

图 2-1 为 2021 年我国已建成加氢站数量排名前十的省市区，从各区域加氢站建成总数

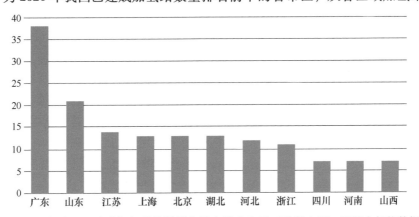

图 2-1 **2021 年我国已建成加氢站数量排名前十的省市区**（数据来源：香橙会氢能数据库）

来看，广东建成加氢站数量持续领先，位列全国第一，其次是山东、江苏，再次是上海、北京、湖北、河北等。2021年下半年我国加氢站建设速度明显提升，示范城市群政策的落地对加氢站建设的带动作用十分显著。结合我国氢能产业整体布局来看，东部区域氢能利用产业主要集中在山东、江苏和上海，该地区也是我国最早进行燃料电池研发与示范的地区；南部地区主要以广东佛山和云浮为首，依托燃料电池汽车的大规模示范，该地氢能产业链逐步完善。国内制氢企业分布也明显呈现出东部沿海多内陆少，北京、山东、江苏、上海和广东氢气产量占全国制氢总量超过60%。

总体上来说，目前我国加氢站建设仍受政策驱动。"双碳"目标政策推动背景下，各地为促进能源结构转型和加快清洁能源发展，政策均积极推动氢能产业发展。加氢站作为氢能应用的重要基础设施，部分地区明确规定了加氢站建设数量和建设节奏，引领地方加氢站建设推进。政策大力支持下，加氢站建设有望提速。此外，在氢能发展初期，尤其是2020-2030十年期间，加氢站市场规模较小，单纯依靠市场资本，加氢站建设与运营的盈利空间较小，政府补贴将起到很大的激励作用，预期中国政府将会进一步加大对加氢站的补贴。图2-2为我国各年度新增加氢站数量及加氢站相关政策的数量，可以看出我国各年度新增加氢站数量的增长趋势与加氢站相关政策数量的增长趋势基本一致。

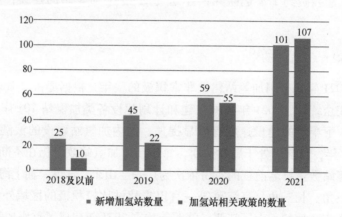

图2-2 我国各年度加氢站相关政策数量（数据来源：势银 TrendBank）

图2-3为2021年我国部分省市加氢站相关政策数量，2021年加氢站相关政策密集出台，山东、浙江、上海、广东、北京、河北、河南等地政策最多，加氢站的建设数量也较多。

当前中国加氢站的建设主要驱动仍然来源于政策，其原因主要在于加氢站盈利的困难性，关键在于建站成本跟运营成本都相对较高，国内目前大部分为纯氢站，其次为合建站（包括氢电站、油氢站、加气加氢站、油氢光电站等）。从建设成本来看，加氢站核心设备包括氢气压缩机、加氢机、卸气柱、顺序控制柜、储氢瓶组等，其中压缩机是重中之重。图2-4展示了国内加氢站建设成本结构（不包括土地费用），目前国内一座日加氢能力500公斤左右的外供氢加氢站除去土地费用，建设成本约1500万元，具体成本除去其他费用占比15%，接近85%用于加氢站关键设备。其中压缩机占投资成本高达40%，储氢罐成本占比达16%，加氢机成本达7%。可见，加氢站成本依旧非常高昂，是等规模的传统加油站投资费用的三倍，主要由于目前国内加氢站关键设备进口依赖还很高，国产替代亟需提速。

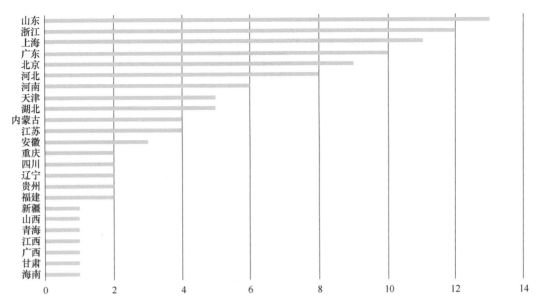

图 2-3　2021 年我国部分省市加氢站相关政策数量（数据来源：势银 TrendBank）

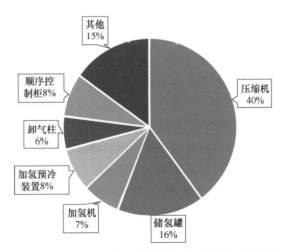

图 2-4　国内加氢站建设成本结构（不包括土地费用）

图 2-5 展示了国内加氢站运营成本结构，从运营成本来看，目前我国加氢站主要为外供氢高压加氢站，前期建设成本主要在于设备投资，后期运营成本主要在于氢气成本。加氢站建成后，运营成本包括氢气成本、设备折旧、运营维护成本、人工成本等。加氢站运营成本中氢气成本占比最大，接近运营成本的 70%，由于制氢和运氢产业链条不够成熟，产业规模不大，导致氢气价格居高不下，这为加氢站的建设和推广带来一定成本压力。

在加氢站技术方面，根据《中国氢能产业发展报告 2020》，中国 35MPa 加氢站技术较为成熟，加氢站设计建造的三大关键设备：45MPa 大容积储氢罐、35MPa 加氢机及 45MPa 隔膜式压缩机均已实现国产化。当前，国内已开始主攻 70MPa 加氢站技术，2020 年国内 70MPa 加氢站已建和在建数量超过 10 座，2021 年以来 70MPa 加氢站建设明显增多。加氢站成本下降的空

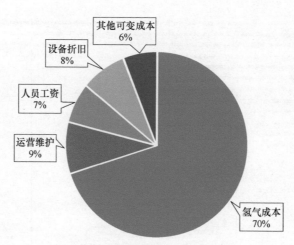

图 2-5　国内加氢站运营成本结构

间主要取决于加氢站设备成本的下降以及对加氢站系统设备进行优化配置和选型包括采用站内制氢方式，集中在固定时间段进行加氢、加氢站用设备的国产化等方面。在技术进步及规模效应下，压缩机、储氢罐等设备的单位投资成本将大幅下降。氢气压缩机、高压储氢罐、氢气加注机是三大核心装备，国产技术进步及规模化有望推动成本下降至少 50%。

　　自"以奖代补"政策推出以来，氢能及燃料电池产业越发受到重视。作为实现脱碳的重要解决方案，氢能在"碳达峰、碳中和"总体目标的背景下将得到迅速发展，但目前国内投入运营的加氢站均难以实现盈利，主要面临三大困境。第一，目前加氢站关键设备仍然依赖进口，单独建站成本高昂；第二，氢气费用居高，目前加氢站氢气来源多为工业副产制氢，氢气需要进行提纯、压缩等步骤，成本较高；第三，中国氢燃料电池汽车处于起步阶段，氢气需求不足，多数加氢站运行负荷不高，因此难以实现盈利。基于此，国内加氢站相关企业开始积极探索不同商业模式，通过油氢合建站、气氢合建站等综合能源服务站方式降低成本。我国多个省市也出台地方管理法案支持利用现有加油、加气站点网络改扩建加氢设施，鼓励积极参与加氢站投资建设。预计在国家及地方政策大力推动下，到 2025 年全国加氢站数量将超过 1000 座，到 2035 年全国加氢站数量将超过 5000 座。

2.2　加氢站技术方案

2.2.1　加氢站分类

1. 根据是否有氢源分类

　　加氢站的氢源技术路线可以根据制氢技术和燃料产生地点的不同分为两种：站内制氢和外部供氢。其中站内制氢加氢站是在站内生产氢气满足加氢站的用氢需求，而外部供氢加氢站的氢气则是从外部中央生产单元生产后输送至加氢站内。

　　站内制氢加氢站主要用于燃料电池汽车的早期商业化，并且适用于加氢站远离外部氢源的情况。站内加氢站需要建立制氢系统以在该站中产生氢气。它通常使用天然气，甲醇，石油，汽油，柴油，LPG（液化石油气）或电力来产生氢气，这可以作为对站内制氢加氢站进行进一步分类的指标。目前，由于能源价格和供应特性的限制，水电解和甲烷重整制氢被认为是在加氢站中制氢的合适且经常使用的方式。

在其他情况下，通常优先选择站外运输以将氢气提供给加氢站的氢气供应系统。站外供氢加氢站内无制氢系统，氢气一般通过高压氢气管束车（长管拖车）、液氢槽车或者氢气管道由制氢厂运输至加氢站，在站内压缩、储存和加注。在早期的加氢基础设施建设中，管束拖车使用得更多。然而相比之下，运输大量氢气时更便宜的选择是使用管道系统。

2. 根据供氢压力等级分类

根据供氢压力等级不同，加氢站分为 35MPa 和 70MPa 两种压力供氢。国外市场大多采用 70MPa 氢气，国内加氢站受现有压缩机和储氢瓶技术发展的限制，大部分采用 35MPa 氢气压力标准。用 35MPa 压力供氢时，氢气压缩机的工作压力为 45MPa，高压储氢瓶工作压力为 45MPa，一般供乘用车使用；用 70MPa 压力供氢时，氢气压缩机的工作压力为 98MPa，高压储氢瓶工作压力为 90MPa 以上。

3. 根据氢源属性分类

加氢站的设计可以根据氢源属性进行分类，可以是液态氢加氢站，也可以是高压气态氢加氢站。在现阶段，中国以高压气态加氢站为主导，而美国和日本则以液氢站为主导。随着相关技术的发展，液氢加氢站的发展越来越受到大家的关注。

对于高压气态加氢站，氢以气态形式存储在氢存储罐中，并且燃料电池车辆通过加氢机加氢。对于液态氢加油站，氢被存储在液氢储罐中，并且在气化之后，通过加氢机为燃料电池车辆加氢。与气氢站相比，液氢站对燃料电池汽车的商业化更有益，因为液态氢具有更大的体积密度和存储容量。同时，在当前技术条件下，液氢站的建设比气氢站困难。

4. 根据是否可移动加氢分类

加氢站还可根据是否可移动加氢被划分为固定式加氢站和移动式加氢站。固定式加氢站不可移动，目前全球已建成的加氢站绝大多数均属于此种。而移动式加氢站以被加注对象的运行范围为服务区域，与母站共同构成小型高压氢气加注网络，使氢气供给具有一定的机动性。与固定加氢站相比，移动加氢站具有更机动灵活，服务半径更大，覆盖范围更广，示范效应更强等诸多优点，并且通过采用模块化设计，拆装方便，适合无电力供应的野外场合作业，正受到越来越多的研究和关注。

移动式加氢站还包括撬装式加氢站和加氢车。前者是将制氢装置、储氢装置、加注装置、连接管线和安全设施等集成到一个撬或几个撬，可整体移动。后者是为满足不同用途需要而开发。它是集高压氢气的储存、运输、加载、自增压、卸载和加注功能为一体。它适合与固定式加氢站配合，并以固定站为母站。

5. 根据建设内容分类

从建设内容来看，加氢站分为独立加氢站和合建加氢站。在加氢设备成本高、回报预期不明等现实情况下，一些有意进入加氢站建设的企业开始探索合建加氢站。这种新型混合加油、加电、加氢站模式的出现，不仅适应了氢能产业发展的需求，也为氢能基础设施建设提供了新思路。合建加氢站又根据合建能源类型分为油氢合建站、气氢合建站和电氢混合等其他合建站。

2.2.2 高压气态加氢站

1. 加氢站氢气来源

氢属于二次能源，需要通过其他能源转化得到，因此氢气的制取通常是将存在于天然或合成的化合物中的氢元素，通过一系列的物理化学反应转化为氢气。制取的氢气可采用不同的形式将从生产设施运送到加氢站，而加氢站的氢源也根据制氢地点的不同分为站制氢氢源和外供氢源。站内制氢方式中，应用较广的主要是天然气重整制氢、甲醇重整制氢和电解水制制。相关制氢方法与流程的介绍请参考本系列教材中的《制氢技术与工艺》一书，本章不再赘述。

外供氢方式是在外部制氢厂集中生产氢气后，通过高压氢气管束拖车或氢气管道等站外运输的形式将氢气运输至加氢站，并在站内完成压缩、储存和加注等一系列的工艺过程。目前，国际上常用的外供氢方式有管束车供氢和管道供氢，选择何种供氢方式一般取决于具体的氢气生产地点和市场条件（例如，大型集中的氢气生产设施生产量大、距离用户远，分布式生产设施生产量小、距离用户近）。

（1）管束车供氢

高压气态氢的输送是把氢气压缩成高压气体后进行输送，适用于往近距离加氢站输送氢气[1]。该方法的特点是在输送、存储、消费的过程中不发生相变，能量损失少，但一次输送的量也相对较少，一般采用集装格、管束车或长管拖车运送[2]。在 FCEV 推向市场的早期阶段，加氢站的氢气日需求量较低，安装的加氢基础设施的产能利用率也不高。使用压缩气态氢（CGH2）货车（即管束拖车）输送氢气被认为是最经济的选择[3]。因此，目前加氢站以站外长管拖车供氢为主[4~5]。对于管束供氢型加氢站来说，制氢厂生产的氢气可以压缩和装载到管道拖车的压力容器中，并将装有氢气有效载荷的管束拖车从终端运输到加氢站，与现场原有的空载管束拖车完成交换，实现氢气的供应[6]。

氢气管束车由牵引车头和拖车组成，而拖车又由集装管束和拖车底盘组成。管束车到达加氢站后，车头和管束分离，所以管束也可作为辅助储氢容器。目前工业应用的管束一般由多个大型的高压钢瓶组成，这是长管拖车储运功能的核心主体，具体可分为大容积无缝钢瓶（包括长管钢瓶）和大容积复合材料钢瓶。美国 CPI 公司的管束车由 9 个大容积、卧式钢瓶组成，钢瓶尺寸 0.559m（直径）×10.97m（长），整个管束容积 20.086m³，设计压力 200bar，可装载常压氢气容量约为 3575m³。管束车运输技术成熟，规模完善，因此国内外加氢站大都采用管束车运输氢气，上海较大规模的商品氢的运送即采用管束车运输方式。

20 世纪 90 年代以来，我国已从长管拖车整车进口国发展成为世界上最大的长管拖车生产国和使用国。图 2-6 是我国一种典型的高压长管拖车，装有 8 根长管钢瓶，工作压力 20MPa，直径 0.6m，长 11m，单只容积为 2.25m³，重量 2730kg。连同附件，该种长管拖车总重 2.6t，单车氢气储运量 285kg，输送氢气的效率只有 1.1%（氢气储运量/总重）。可见，由于常规的高压储氢钢瓶本身重量

图 2-6 采用大容积无缝钢瓶的长管拖车

很大，而气态氢密度很小，且长管拖车的额定压力和总重通常有限制，常规高压气态氢输送装置输送效率只有1%~2%左右，因而它只适用于将制氢厂的氢气输送到距离不太远且氢气需求量不大、用户比较分散的场合。

由于高压氢气能量密度低，其运管束车的输能力受到了较大的限制。另外，将牵引车中的氢气转移至加氢站时还会遇到一些问题。氢气转移过程中需要压缩机辅助工作，如想在短时间内完成加注，需要功率非常大的压缩机。考虑到成本因素及工作能耗等因素，目前主要采用将牵引车长时间滞留于加氢站的氢气缓慢转移方法。且由于压缩机存在一个最低的吸入压力，所以还存在低于这个压力的气体只能残留于管束内的问题，这也成为了氢气运输量低下的一个原因。为了解决单车输氢质量低这一问题，一方面需要提高气瓶的公称工作压力，另一方面也需要降低高压储氢容器自重。美国Hexagon Lincoln公司研制出额定压力达25~54MPa的纤维全缠绕高压氢气瓶，并将其运用于长管拖车，单车运输氢气量达560~720kg。

（2）管道供氢

对于长距离、大规模（>100000kg/天）、时长稳定（15~30年）的气态氢需求，一般考虑使用管道输氢。随着氢气的规模生产和氢能的广泛应用，氢气管网的建设势在必行。目前，国际上的输氢管线一般采用无缝钢管，运行压力为1.0~4.0MPa，直径为250~500mm。最早的长距离氢气输送管道于1938年在德国鲁尔建成，其总长达208km，管道直径为0.15~0.30m。目前在美国、加拿大及欧洲等多个工业地区都有氢气管道，直径约0.25~0.3m，压力范围为1~3MPa，流量310~8900kg/h，总长度已经超过16000km。欧洲输氢管道的主要建设公司包括Air Liquide、Air Products和Linde。美国输氢管道的主要建设公司除了法液空、空气化工和林德外，还有Praxair、Equistar等众多公司。我国也正积极加紧管道输氢技术的研发和建设，预计到2030年，我国将建成3000km以上氢气输送管道，到2050年，形成安全可靠的长距离高压氢气管道技术。

现阶段，欧美的氢气长输管道技术已经十分成熟，对应的设计标准规范的研究也比较全面，例如美国的ASME B31.12-2014《Hydrogen Piping and Pipelines》、欧洲的《Hydrogen Transportation Pipelines》、加拿大的CGA G5.6-2005《Hydrogen Pipeline Systems》等标准。与美标ASME B31.12-2014的全面细致相比，我国与氢气管道相关的标准规范数量不少，但还没有形成一套完整体系化的氢气管道标准，也没有专门的氢气长输管道和配送管道标准。现有的氢气管道相关标准规范要求不全面，难以满足氢气长输管道建设。所以，我国应尽快制订一套氢气管道标准并独立发布，作为氢气专用压力管道规范使用，并对各个氢气管道相关规范进行统一的编制和修订，以形成一个既有针对性又有整体性的氢气管道规范体系。

通过氢气管道进行输送是理想的规模化长距离输氢技术，尽管输氢管道对材料与高压氢的相容性、密封性、焊接工艺提出了很高的要求，且新建输氢管道一次性投资成本高。但与高压气态氢或液态氢输送相比，管道输送具有能耗少、成本低、运输效率高和输送氢气量大的优势。充分发挥氢气规模化储存输送的特性，将是未来能源领域解决"能源生产、使用（供需）不均衡性"问题的重要途径之一，尤其是提高波动性、间歇性的可再生能源利用率的重要途径之一。

可以预见，随着氢能利用技术发展成熟，氢能需求量增大，其他输送方式的输氢量终将不能满足市场需求，氢气的长距离输送管网建设终将成为现实，而管道输氢的建设也将推动全国范围内建成与燃料电池车辆保有量相匹配的氢能供给和利用基础设施网络，促成2050年"深绿"氢能产业链目标的实现。总体而言，我国的氢气长输管道建设仍处于起步阶段，仍需在管线钢与高压氢的相容性、管道的运营管理等方面开展系统的基础研究工作，为各种压力下的氢气或氢混合燃料气体（如掺氢天然气）的长距离输送积累经验，为建设长距离、高压力的输氢管网系统创造条件。

2. 加氢站工艺流程

加氢站通常由制氢系统、压缩系统、储存系统、加注系统、控制系统及其安全部件组成。而加氢站具体的工艺流程会根据氢气运输方式、氢气储存形式和设备配置策略的不同而有所差异。目前，加氢站的供氢方法主要包括现场电解、现场重整、高压气氢管束拖车、液氢槽车和高压氢气管道等[7]，他们应用于不同加氢容量（从小于80kg/d到大于1000kg/d）的加氢站时的可行性对比如图2-7所示[8]。站内电解或重整制氢工艺主要受限于电力成本和建设土地可用性。对于早期规模较小的加氢站市场，高压氢气拖车供氢方式被认为是更经济可行的选择。而在规模较大的加氢站场景中，液氢槽车和高压氢气管道运输的经济性优势逐渐被凸显出来。

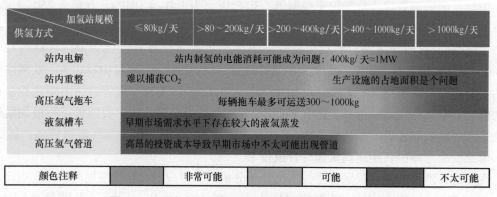

图 2-7　不同加氢站规模下各种供氢方式的经济可行性

加氢站的压力等级通常是35MPa和70MPa。不同压力等级和供氢模式的加氢站需要不同的设备组件来存储，包装和分配氢气[9]。图2-8展示了70MPa高压气态加氢站的设备配置和工艺流程[3]。在整个加氢站的运营过程中，氢气通常是由站内制氢系统生产出来或通过管束拖车或管道形式输送到加氢站中，通过压缩机压缩到一定压力后储存在固定的高压容器中。当燃料电池车辆有加氢需求时，采用由低压、中压、高压储氢容器依次进行的主动式充装策略，将氢气预冷至−40℃后通过加氢机快速填充到车载储氢罐中[10]。若加氢站是采用四级储气的方式，则加氢机首先从氢气长管拖车中取气；当氢气长管拖车中的氢气压力与车载储氢瓶的压力达到平衡时，转由低压储氢容器供气；依此类推，然后分别从中压、高压储气容器中取气，氢气将在各级高压储氢容器与车载储氢罐之间压力差的作用下，通过加氢机快速充装至车载储氢罐中。当高压储氢容器的压力无法将车载储氢瓶加注至设定压力时，则启动压缩机进行加注。加注完成后，压缩机按照高压、中压、低压的顺序为三级储氢容器补充氢气，以待下一次的加注。这样分级加注的工艺有利于减少压缩机的功耗和提高加注效率。

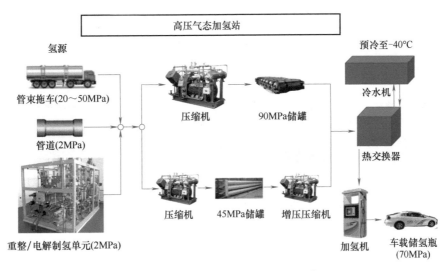

图 2-8　高压气态加氢站的工艺流程示意图

我国在各类加氢站方面都进行验证示范，其中，在加氢站关键装备自主研发、氢气供应多样化和油氢多能源供应模式等方面的标志性加氢站分别是同济-新源加氢站、上海驿蓝金山加氢站和中石化佛山樟杭油氢合建站。

大连同济—新源加氢站，是我国第一座风光互补发电耦合制氢的 70MPa 加氢站，是同济大学牵头承担的"十二五"863 计划科技成果的集中体现，加氢站集成了风光互补发电耦合电解制氢系统、90MPa 隔膜式氢气压缩机、87.5MPa 钢质碳纤维缠绕大容积储氢容器、70MPa 加氢机系统等关键装备，表明我国已经具备 70MPa 加氢站的设计、集成和关键装备等关键技术的自主开发能力，为建立具有国际竞争力的氢基础设施相关产业技术群积累了经验，如图 2-9 所示。

图 2-9　大连同济—新源加氢站

上海驿蓝金山加氢站日氢气供应能力为 1920kg，具有 35MPa 和 70MPa 两种加注压力，其氢源来自于上海化工区的副产氢气，通过管道输送给加氢站，是国内首个同时具备管道输氢和管束车供氢的商业化运营加氢站，如图 2-10 所示。

中石化佛山樟杭油氢合建站，是全国首座集油、氢、电能源供给及连锁便利服务于一体的多能源补给供应站，该站日加氢能力达到 500kg，填补了国内油氢合建站的空白，如图 2-11 所示。

不同加氢站中设备均包括压缩机、高压储氢容器、加氢机、冷却器、热交换器等，其中前三者构成加氢站的关键设备，他们的性能参数决定了加氢站的整体加注能力和储氢能力。本书第 5 章将重点介绍高压气态加氢站关键设备的特点和维护要点。

图 2-10 上海驿蓝金山加氢站

图 2-11 中石化佛山樟杭油氢合建站

2.2.3 液氢加氢站

液氢加氢站相较于其他站外供氢加氢站具有储运效率高、长距离运输经济性佳、加氢站建设投资低、氢气纯度高、站内能效高等优点。相较于国外近 1/3 液氢加氢站的现状，目前国内暂无已建成的液氢加氢站。根据加注的氢气状态可以将液氢加氢站分为两类，一类是加注液氢的液氢加氢站，一类是加注气氢的气液混合加氢站。

1. 加注液氢的液氢加氢站

对于搭载了车载低温液态储氢系统的燃料电池汽车，液态氢的加注是利用站内储氢罐和车载氢罐间的压差来进行或采用液体氢泵压送的方法。与高压气氢加氢站相比，这类加注液氢的加氢站的压力较低，而且由于使用的机器较少，因此结构简单。然而，为了处理液氢所需的低温，两类加氢站有很大的不同，因为需要双壁的储罐、管道和软管，并且必须配备能够处理低温液体的加氢机。图 2-12 为加注液氢的液氢加氢站的简易工艺流程图。其中主要的关键设备有液氢储罐和液氢泵。

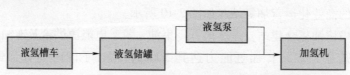

图 2-12 加注液氢的液氢加氢站的简易工艺流程图

（1）液氢储罐

液氢储罐是用于储存液氢的压力容器，包括绝热系统、必要的安全装置及压力、液位显示仪表等。液氢储罐技术主要分为被动技术和主动技术，前者包括高真空绝热、真空多层绝热等，后者主要包括大面积冷却屏（BAC）技术，旨在实现液氢的零蒸发储存（ZBO）。国内已经有四川空分集团、航天晨光以及圣达因成功研制出液氢储罐，采用高真空多层绝热技术，但在规模上仍与国外差距较大，国外已可制造 $3 \times 10^4 m^3$ 的超大液氢球罐，而国内只能制造 3000m³ 以下的储罐。

（2）液氢泵

液氢泵是提升液态氢气压力至满足加氢机所需压力的设备，是液氢加氢站的关键设备，之前主要应用于航天领域，为航天器输送低温液氢燃料，随着液氢应用在民用领域的深入，液氢泵的应用逐渐向民用倾斜，向小型化发展。国外已有相对成熟的技术，其中林德公司的液氢活塞泵出口压力能达到 90MPa，能耗是传统压缩机的 10%~20%。国内企业对于液氢泵的国产化研制仍处在起步阶段，现阶段只能依赖进口液氢泵，也成为液氢加氢站发展的重要制约。

2. 加注气氢的气液混合加氢站

在国外的成熟工艺中，通常在液氢工厂将气态氢降至−253℃进行液化，然后通过液氢槽车将液氢运输至加氢站，并储存于站内的液氢储罐中，低温液氢泵吸入液氢后进行增压，并在高压气化器中气化为高压气态氢，存入储氢瓶组，待有车辆加氢时，从储氢瓶组中取气加注。该工艺系统还可以充分利用液氢的低温冷能，用于加注前的氢气预冷，同时相较于先汽化后通过压缩机压缩气态氢的工艺，液氢泵的能耗要远低于压缩机能耗。图 2-13 为加注气氢的气液混合加氢站的简易工艺流程图。

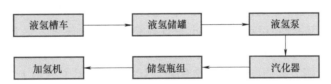

图 2-13 加注气氢的气液混合加氢站的简易工艺流程图

2.3 加氢站选址规划和建设

为了进一步推广燃料电池汽车，一方面，燃料电池汽车相关技术的进步固然必不可少，另一方面，配套基础设施的建设也必须能够满足人们出行的需求。但是，从目前看来，加氢站的数量还比较少。有学者将燃料电池汽车推广和加氢站的建设比喻为"先有鸡还是先有蛋"的问题，一方面，若燃料电池汽车的用户较少，则汽车厂商不愿意投入大规模资本兴建加氢站，另一方面，稀少的加氢站也会让用户因为加注的不便性而放弃购买燃料电池汽车。因此，实现加氢站点超前布局，对于推动氢能与燃料电池汽车产业的可持续发展是必要的。

受到技术条件和核心设备成本的限制，我国建设加氢站的建设成本很高，在千万元级别。此外，加氢站的建设尚处于起步阶段，其数量远远无法与加油站相比，因此如何用有限的成本，建设能惠及更多用户的加氢站网络，也成了一个重要课题。除了技术进步降低成本外，选取合适的位置建立加氢站，能够在加氢站建设成本不变的前提下，提供更好的加氢便利性。加氢站的布点，不仅受到用户分布的影响，也会取决于生产、运输、储存等氢供应链中各个环节的选择。因此，通过建立模型来探究氢供应链中各个环节的联系，继而确定合理的加氢站位置，具有重要的意义。

2.3.1 加氢站布点要求及方法

1. 加氢站布点规划考虑的因素

加氢站建设的目的是为燃料电池汽车用户提供氢气加注的服务，因此，加氢站的选址首先考虑的就是燃料电池汽车用户的分布，一般而言，我们会用氢气需求来表示一个地区中燃料电池汽车用户的氢气消耗。当前，燃料电池汽车市场尚未形成规模，用户数量也较少，无法通过现有的用户分布来代表未来燃料电池汽车用户的分布，因此需要对用户的分布进行估计。最常用的是根据社会经济因素进行预测。研究表明，一些社会经济因素，如教育、收入、性别、年龄、汽车拥有量等[11]，会影响用户购买或使用环保汽车的意愿，如图 2-14 所示。

图 2-14　影响燃料电池汽车市场的社会经济因素

研究表明，受过高等教育的人、中高收入群体和拥有一辆以上汽车的家庭倾向于更容易接受新能源汽车[12]。此外，更长的通勤距离可能会使人们对新能源汽车的选择愿望产生负面影响[13]，因为它们的续驶里程相对较小，且补充燃料更加不便。政策因素在新能源汽车发展早期也不可忽略[14]，一方面，给与新能源汽车补贴并给予牌照通行优惠，降低企业和用户的成本；另一方面，兴建配套的基础设施，为车主提供补充燃料上的便利。环保组织团体的宣传也在一定程度上促进了新能源汽车的普及。

除了对燃料电池汽车空间上的分布进行预测外，也常常需要对燃料电池汽车市场随时间的变化进行预测。在这一方面，最常用的是广义巴斯扩散模型[15]。巴斯扩散模型将产品的消费者分为两类，第一类是创新采用者，即受到产品本身的属性吸引，而不容易受他人影响的消费群体；第二类是模仿采用者，即那些受先前购买者影响而购买的消费群体。此外，在广义巴斯扩散模型中，还引入了外部因素影响函数，用于表示汽车价格、燃料价格、基础设施数量、政策推动等外部因素对燃料电池汽车销售的影响。

有了对燃料电池汽车用户分布的估计后，就需要优化加氢站的位置，让建设的加氢站能够服务更多的用户。根据对燃料电池汽车用户在道路网络中表示的几何形式的不同，加氢站的位置优化可以分为基于点的模型和基于流动的模型两大类[16]。基于点的模型[17]是指将用户表示在道路网络中的节点上，用户从该节点出发，到存在加氢站的节点补充燃料，然后返回该节点，完成一次加氢出行，加氢站的便利性可以通过用户到离其最近的加氢站的到站时间来衡量。在基于点的模型中，常常会用到覆盖的概念，覆盖是指，从需求点出发到离其最近的加氢站的路程或者时间小于给定的值。在基于点的模型中，常用的是集合覆盖模型和 P 中值模型，集合覆盖模型是在给定加氢站数量和要求的到站时间的前提下，最大化加氢站能够覆盖的燃料电池汽车用户的数量。P 中值模型则是在给定加氢站数量的前提下，最小化用户数量加权的行驶距离的和。在基于流动的模型中[18]，流动是指从某一点出发（起点）到另一点（终点）的燃料电池汽车用户的集合，此外，流动还有一个容忍度的概念，用于表示用户对于旅途中由于补充氢气而绕路所引起的路程增加的最大值，当用户因绕路所增加的路程小于该流动的容忍度时，称该流动被捕获。因此，基于流动的模型的目的就是在给定加氢站数量的前提下，最大化能够被捕获的流动所代表的用户数量。

当前加氢站的成本高昂，氢气售价相比于汽油并没有优势，因此，成本问题也是加氢站布点考虑的因素之一。氢气成本涉及到生产、运输、加注等氢供应链的各个环节[19]，图 2-15 展示了氢气在氢供应链各个环节间的联系。

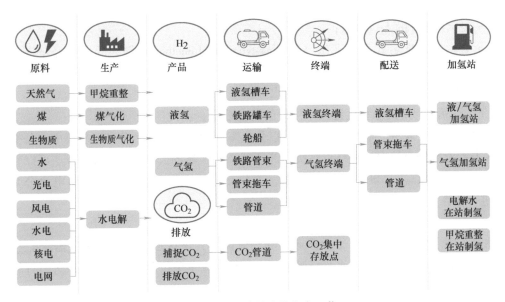

图 2-15　氢供应链中的各个环节

氢气成本优化的目的就是为加氢站选择合适的氢源、运输方式、运输量等，从而使加氢站获取氢气的成本达到最低。此外，在氢供应链中，还可以进行碳排放、环境污染等目标函数的优化，并从全生命周期的角度，来衡量燃料电池汽车替代燃油车的对环境所产生的积极影响。

上述加氢站布点是从一个市区的地域范围大小来优化加氢站的位置，属于宏观上的规划。当实地建设加氢站时，还需要考虑安全间距、加氢站等级、平面布置等因素，这在宏观加氢站规划时，选取可建设加氢站的候选位置也是需要考虑的，即在进行加氢站布点优化时，只能选取符合加氢站建设条件的位置，同时也需要考虑加氢站日加注能力的大小，比如不能在城市中心区建设一级加氢站等。比较常用的加氢站的候选位置主要有当前各个加油站的位置，与加油站合建为油氢合建站，建设时也需要考虑到油氢合建站等级的限制。关于加氢站建设的一些基本规定、站址选择的基本原则、安全距离、平面布置、消防和安全设施等要求，可以参考相关的各国家标准。

2. 加氢站布点方法

根据上一小节中提及的加氢站建设时需要考虑的因素，许多学者做了相应的研究，提出了对应的模型方法。

在估计燃料电池汽车用户空间分布方面，一般分为乘用车和商用车两类。乘用车用户分布主要是对人口、收入等社会经济因素进行处理，采用的方法主要有排名式德尔菲法[20]、自然间断法、回归方程、离散选择模型等。最常用的就是排名式德尔菲法和离散选择模型。排名式德尔菲法是根据对多位该领域专家代表的询问调查，确定各要素的权重，然后根据各要素的权重及各个地区的社会经济水平，来确定不同地区燃料电池汽车用户的数量，如式（2-1）所示

$$h_{icar} = n_i \sum_l w_l W_{il} \tag{2-1}$$

式中　n_i 表示区域 i 的人口数量；

　　　w_l 表示根据排名式德尔菲法（ranking-type Delphimethod）得到的社会经济因素 l 的权重；

　　　W_{il} 表示区域 i 的社会经济因素 l 的水平；

　　　h_{icar} 表示区域 i 的燃料电池汽车用户的潜在数量。

在商用车氢气需求的空间分布方面，以公交车和物流车为主，分布比较集中。公交车氢气需求主要考虑公交始发站和终点站所在的区域，该区域的公交车氢气需求 h_{ibus} 可以直接根据公交车的班次数 n_{ibus}、班次的行驶里程 d_{bus}、公交车单位距离氢耗 e_{bus} 和燃料电池公交车占比 c_{bus} 进行估算，如式（2-2）所示

$$h_{ibus} = n_{ibus} d_{bus} e_{bus} c_{bus} \tag{2-2}$$

物流车则主要分布于各个工业产业园和物流园等，该区域的物流车氢气需求 h_{igoods} 可以根据物流车数量 n_{igoods}、物流车平均行驶里程 d_{goods} 和物流车单位距离氢耗 e_{goods} 来进行计算，如式（2-3）所示

$$h_{igoods} = n_{igoods} d_{goods} e_{goods} \tag{2-3}$$

在氢气需求随时间变化方面，主要采用广义巴斯扩散模型[15]，其形式如式（2-4）所示

$$f(t) = \left[q + p \frac{F(t)}{m} \right] \left[m - F(t) \right] x(t) \tag{2-4}$$

式中　$f(t)$ 表示 t 时段新增的用户数量；

　　　q 表示创新因子，即产品本身的属性对其销售量的影响；

　　　p 表示模仿因子，即他人使用及推荐对产品销售量的影响；

　　　m 表示该车型最终的市场占有量；

　　　$F(t)$ 是 $f(t)$ 的积分，即到 t 时段为止累计的用户数量；

　　　$x(t)$ 表示 t 时段外部因素对产品销售量的影响。

一般而言，广义巴斯扩散模型会结合系统动力学模型，用于表示不同的因素对广义巴斯扩散模型中各个因素的影响，然后通过循环迭代，计算出各个阶段中燃料电池汽车用户的数

量及氢气需求的大小，如图 2-16 所示，该图中除了创新采纳者和模仿采纳者之外，主要考虑了加氢站因素对燃料电池汽车市场的促进作用[21]。

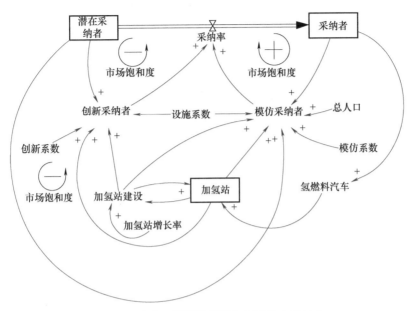

图 2-16 广义巴斯扩散模型与系统动力学结合

在加氢站位置优化方面，在基于点的位置优化模型中，常用的是集合覆盖模型和 P 中值模型[17]。集合覆盖模型的目标是，在给定加氢站数量和要求的到站时间下，最大化符合要求的到站时间的氢气需求，如式（2-5）所示

$$max = \sum_i h_i z_i \tag{2-5}$$

式中　h_i 表示区域 i 的氢气需求；
　　　z_i 为二进制变量，表示区域 i 到离其最近的加氢站的时间是否小于等于给定的到站时间，是为 1，否则为 0。

P 中值模型的目标是，在给定加氢站数量下，最小化到站时间加权的氢气需求之和，如式（2-6）所示

$$min = \sum_i h_i b_i \tag{2-6}$$

式中　b_i 表示区域 i 到离其最近的加氢站的到站时间。

在基于流动的位置优化模型中，这里以考虑续驶里程、路径偏离、加氢站日加注能力限制的 CDFRLM（The Capacitated Deviation Flow Refueling Location Model）模型为例[22]，模型的主要逻辑如式（2-7）至式（2-13）所示。

目标函数

$$max = \sum_{q \in Q} \sum_{r \in R_q} f_q g_q^r y_q^r \tag{2-7}$$

约束条件为

$$y_q^r \leqslant \sum_{k \in K_{i,j}^{1;q,r}} y_{1,k}^{q,r} + \sum_{k \in K_{i,j}^{2;q,r}} y_{2,k}^{q,r} \quad \forall r \in R_q, a_{i,j} \in A_q^r \tag{2-8}$$

$$\sum_{r \in R_q} y_q^r \leq 1 \tag{2-9}$$

$$\sum_{q \in Q} \sum_{r \in R_q} \sum_{dr \in Dr} e_q^r\, y_{dr,k}^{q,r} f_q \leq U_k\, x_k \tag{2-10}$$

$$\sum_{k \in K} x_k = M \tag{2-11}$$

$$e_q^r = \frac{1}{max\left(1, \dfrac{L}{2L_r}\right)} \quad \forall\, r \in R_q \tag{2-12}$$

$$y_q^r, y_{dr,k}^{q,r} \in [0,1], x_k \in \{0,1\} \tag{2-13}$$

式中　q 表示流动；

　　　Q 表示所有流动的集合；

　　　f_q 表示流动 q 的氢气需求；

　　　$a_{i,j}$ 表示从点 i 到 j 的路段，不可再细分为其他路段；

　　　r 表示某一偏离路径，偏离路径是指能让流动从起点到终点且满足容忍度要求的路段
　　　　　集合；

　　　R_q 表示流动 q 的偏离路径集合；

　　　g_q^r 表示对流动 q 中采用偏离路径 r 时因绕路产生的惩罚函数；

　　　y_q^r 表示流动 q 中采用偏离路径 r 的用户占比；

　　　$y_{dr,k}^{q,r}$ 表示在偏离路径 r 上沿方向 dr 行驶的流动 q 中在 k 处补充燃料的用户占流动 q 的
　　　　　总用户的比例，dr 有两个方向，分别用 2 和 2 表示正向和逆向；

　　　k 表示加氢站候选点；

　　　K 表示所有加氢站候选点的集合；

　　　$K_{i,j}^{dr,q,r}$ 表示流动 q 的偏离路径 r 上的候选点 k 集合，且 k 满足：车辆从 k 满燃料出发，
　　　　　按 dr 方向沿 r 行驶，在续驶里程内，能覆盖路段 $a_{i,j}$；

　　　A_q^r 表示流动 q 的偏离路径 r 上的路段集合；

　　　e_q^r 表示流动 q 在偏离路径 r 上平均每次出行的加注次数；

　　　U_k 表示候选点 k 处的站点日加注能力的最大值；

　　　x_k 为二进制变量，当候选点 k 处建设加氢站时为 1，否则为 0；

　　　M 表示要建设的加氢站数量；

　　　L 表示车辆的续驶里程；

　　　L_r 表示偏离路径 r 的长度。

　　式（2-7）表示模型的目标函数是最大化加氢站能够捕获的流动的氢气需求。式（2-8）表示只有当流动 q 的偏离路径 r 上的每一段弧 $a_{i,j}$ 都被覆盖的时候，流动 q 才能分配到该偏离路径 r 上，且流动 q 被分配到偏离路径 r 上的比例不能大于最小的组成路径 r 的弧上所分配的比例。式（2-9）表示流动 q 的分配限制，即不能被重复分配；式（2-10）表示站点日加注能力的限制，且只有当 k 处建立加氢站时，才允许流动被分配到该处，且所有被分配到该处的流动需求之和不能大于该处的站点日加注能力。式（2-11）表示加氢站的数量限制。式（2-12）表示流动 q 在偏离路径 r 上平均每次出行的补充燃料次数的计算，当车辆续驶里

程大于偏离路径 r 的往返距离时，并不需要每次出行都补充燃料，否则，则每次出行都必须补充燃料。式（2-13）表示变量的取值范围的限制。

氢气成本的优化主要通过氢供应链模型完成，根据考虑的氢供应链中的环节不同，不同学者提出的模型也有差异，但大多数都会包括氢气生产成本、氢气运输成本和加氢站成本[19]。成本一般会分为投资成本和运营成本，这两类成本计算的方式不同，前者是指为了建设设施、购买设备等的一次性投入，后者是指在设施运营过程中需要的不间断的投入。资本成本和运营成本的组成一般也分为两类，一是固定投资成本，比如土地成本等，这类成本与设施的数量相关，与设施大小相关性较小；二是与氢气量相关成本，比如设备成本等，此类成本的大小与设施的氢气量成正相关。此外，当计算运输成本时，还需要考虑运输距离带来的影响。一般而言，资本成本会根据其使用寿命从而均摊到单位时间，最后的目标函数一般是最小化单位时间内的资本成本和运营成本之和。当考虑到其他目标函数时，比如碳排放和环境污染，还需要知道各个氢供应链环节的碳排放和产生的环境污染情况。

在国内，关于加氢站布点研究的论文较少，主要有：西南交通大学开展的基于全生命周期的加氢站选址定容优化[23]，同济大学开展的基于氢供应链的加氢站布点建模研究[24]，山东建筑大学开展的通过层次分析法评价加氢站的选址[14]；清华大学开展的考虑氢燃料汽车市场扩散的氢燃料基础设施规划研究[21]等。

以上海嘉定区为例，同济大学吕洪等结合上述方法，开展了该区加氢站的布点规划研究。根据《嘉定区加快推动氢能与燃料电池汽车产业发展的行动方案（2021-2025）》，至2025年，嘉定区共计划建设加氢站 18 座，推广燃料电池汽车 3500 辆。燃料电池汽车主要用于公交、物流、环卫通勤等领域，故主要考虑这部分车辆的氢气需求。物流车的氢气需求来自于嘉定区的各个物流园以及产业工业园，公交车的氢气需求按照公交路线分配，环卫通勤车主要服务于居民，故按照社会经济因素进行分配。

为了统计嘉定区中不同区域的社会经济水平，首先需要进行交通需求区的划分。划分交通需求区最常用的方法是按照行政区划来划分。以这种方式来划分时，各个交通需求区内的人口、经济水平等数据都可以通过政府的统计官网方便地进行获取。当需要进一步划分时，可以将地理位置相近、社会经济水平相近的一个或多个社区划分在一个交通需求区，相邻的交通需求区则以道路、河流等为界。该交通需求区中的人口、收入水平、汽车保有量等都可以作为该交通需求区的属性，而这些社会经济因素也会影响到对该区域燃料电池汽车氢气需求的估计。两个交通需求区之间的距离定义为两个区域的形心间车辆的行驶距离。图 2-17是对嘉定区交通需求区的划分，相同字母开头的区域属于同一个镇或者街道。

本例中主要考虑收入和教育两个社会经济因素，各个镇及街道的收入、教育水平及人口数量可通过嘉定区统计局官网查询。根据文献中通过排名式德尔菲法得到的社会经济因素的权重，收入因素的权重取 0.52，教育因素的权重取 0.48。嘉定区公交路线的信息可通过嘉定公交官网查询。嘉定区中产业园与物流园的位置可通过百度地图查询。最后，各交通需求区中心点及产业园物流园的位置如图 2-18 所示。

参考《中国新能源汽车大数据研究报告》，上海市氢燃料电池公交车的日均行驶里程为75.8km，公交车上线率为 87%；氢燃料电池物流车的日均行驶里程为 157.9km，物流车上线率为 69%；通勤客车的日均行驶里程为 70km，故公交车、物流车、环卫及通勤车的日均

图 2-17　上海嘉定区交通需求区的划分

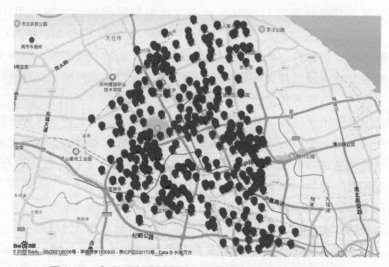

图 2-18　嘉定区交通需求区中心点及产业园物流园的位置

行驶里程（考虑上线率后）分别为66km/天、109km/天、70km/天。报告中三类车辆对应的比例为37%、52.6%、10.4%，故最终换算为氢气需求的比例为27.4%、64.4%、8.2%。车辆的单位距离氢气消耗量取8kg/百公里，道路限速取60km/h。

当前，嘉定区已建和在建的加氢站共有6座，分别位于H13、H14、J7、J39、J42、K19地区。在加氢站候选位置方面，这里假定所有的交通需求区都可以建立加氢站。至2025年嘉定区计划建设站点共18座，故此处确定新增的12座加氢站的位置，在加氢站位置优化方面，采用基于点的位置优化模型，集合覆盖模型的给定到站时间取5min。最终得到的各地点氢气需求及加氢站的位置如图 2-19、图 2-20 所示[24]。

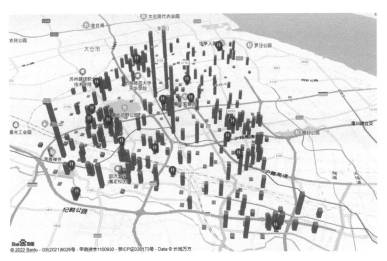

图 2-19　集合覆盖模型加氢站布点结果

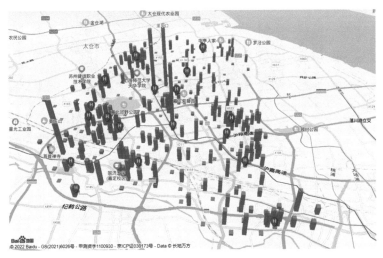

图 2-20　P 中值模型加氢站布点结果

比较这两类基于点的模型的加氢站布点结果，集合覆盖模型由于对在给定到站时间内的燃料电池汽车用户一视同仁，而 P 中值模型则对每一个用户进行距离加权，因此，集合覆盖模型更倾向于在空间方面将加氢站布置得更加均匀，而 P 中值模型则更倾向于将加氢站布置在氢气需求更加集中的地区。

2.3.2　加氢站建设管理要求

氢能产业作为国内的新兴产业，目前，国内还没有统一的加氢站建设审批流程，鉴于加氢站对于氢能技术应用推广的重要基础作用，这里根据广东佛山云浮、北京、上海、安徽六安等地区加氢站建设的经验，做了一个归纳。加氢站审批管理流程基本如图 2-21 所示。

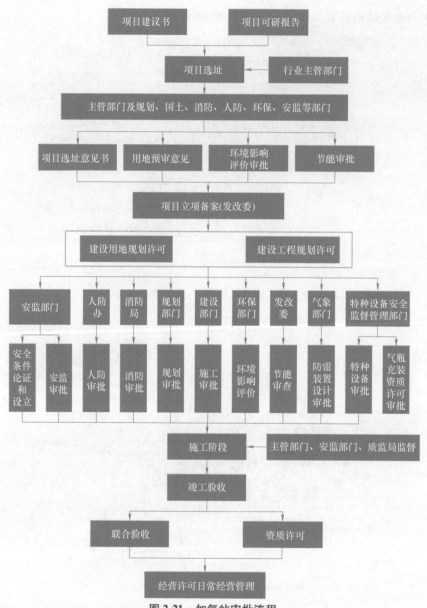

图2-21 加氢站审批流程

第一步：编制加氢站项目的项目建议书和可行性研究报告。

第二步：项目选址。加氢站选址应符合加氢站布点规划。加氢站项目属于经营性项目，其用地性质为商服用地，其选址由建设单位选定后报行业主管部门，行业主管部门召集规划、国土、消防、人防、环保、安监等部门对用地进行联合勘察确定，勘察完成后出具项目选址意见书。涉及公交路线设置或者改动的，交通部门应根据实际运营情况对选址提出建议。关于行业主管部门的确定，各地区也不尽相同，佛山、云浮等地区为住建部门，武汉汉南区为行政审批局，也有部门地区为科委、发改委等牵头的。

第三步：项目立项。建设单位取得选址意见书、用地预审意见、环境影响评价审批文件、节能审查意见等前置审批文件后（环境影响评价审批文件、节能审查意见也可以推迟至第四步进行），向项目所在区发改部门提交项目申请报告，区发改部门对项目进行审批并备案。

第四步：规划审批。项目获得核准后，对于新建站和需要扩大用地面积的合建站，建设单位需向区规划部门分别申请用地规划许可和建设工程规划许可，由项目所在区规划部门依据控制性详细规划核定建设用地的位置、面积、允许建设的范围。而对于不需要申请用地或新增土地的加氢站项目，当存在新增构筑物时，需要出具建设用地规划书面意见及建设工程规划许可，当没有新增构筑物时，需要出具建设用地规划书面意见并声明该项目无需建设工程规划许可。规划条件出具后，由区国土部门办理用地手续。

第五步：报建环节。该环节主要涉及加氢站设计方案中各部分的审查，并由各相关部门出具相应的许可，由行业主管部门牵头组织，并根据各部门的审批许可核发《建筑工程施工许可证》。为确保加氢站项目设计方案的合规性，可由行业主管部门委托第三方专业机构或组织审查加氢站项目设计方案，审查意见可作为核发《建筑工程施工许可证》的依据。加氢站项目实施主体可自行开展项目安全评估。加氢站项目设计应严格遵守 GB 50516—2010《加氢站技术规范》相关规定；合建站中的加油（气）站设计应符合 GB 50156—2021《汽车加油加气加氢站技术标准》相关规定。需要进行的审查如下所示：

1）安全条件论证和设立评价：建设单位向区安监部门申请安全条件审查，区安监部门代为受理后报送市安监局。由市安监局出具审查意见，即《危险化学品建设项目安全条件审查意见书》。

2）规划审批：办理土地手续后建设单位即可向区规划部门申请规划审批。区规划部门对在规划设计审批阶段的项目，在规定时限内完成总平面规划方案审查和建筑设计方案审查，并核发《建设工程规划许可证》。

3）人防审批：建设单位向区人防办申请人防报建审批，由区人防办出具本地区的《建设工程项目人防报建办理审批表（申请防空地下室易地建设)》批文和《人民防空办公室申请防空地下室易地建设报建凭证》。

4）消防审批：由区消防大队协助建设单位向市公安消防局申请消防设计审核许可，市公安消防局组织专家评审，按照专家评审意见进行审批，并出具《建设工程消防设计审核意见书》。

5）安监审批：建设单位向区安监部门申请危险化学品建设项目安全设施设计审查，由区安监部门出具审查意见书。

6）施工审批：施工图纸审核通过后，建设单位向区建设部门申请施工报建审批，区建设部门按权限出具初审意见或终审核发《建筑工程施工许可证》。

7）环境影响评价：建设单位编制环境影响报告书，向区环保部门申请环境影响评价审查并提交相关材料，区环保部门根据审查和评估结论提出审批建议。

8）节能审查：建设单位向项目所在区发改部门申请节能评估审查，区发改部门对在审批权限内的项目出具节能审查意见。

9）防雷装置设计审批：建设单位向项目所在区气象部门申请防雷装置设计审核，项目所在区气象部门对在审批权限内的项目出具《防雷装置设计核准意见书》。

10）特种设备审批：由取得资质的特种设备施工单位将拟进行的特种设备安装情况书面告知项目所在地县级特种设备安全监督管理部门，并向省级特种设备检测研究院申请对施工过程进行监督检验（不需要安装监督检验的设备由施工单位出具施工质量证明书）。特种设备使用单位应当在特种设备投入使用前或者投入使用后三十日内，向县级特种设备安全监督管理部门办理使用登记，取得《中华人民共和国特种设备使用登记证》。

11）气瓶充装资质许可审批：加氢站项目单位向市级特种设备安全监督管理部门申请气瓶充装资质许可后，约请有资质的评审机构进行鉴定评审。市级特种设备安全监督管理部门根据鉴定评审结果进行审批，对于符合许可条件的，颁发省级《气瓶（移动式压力容器）充装许可证》。自用气体的非经营性充装行为，由充装单位所属行业的主管部门进行监督管理，无需取得气瓶充装资质许可。

第六步：施工阶段。在施工过程中请质监局（特检院）到现场对管道、压力容器的安装进行过程监检，并同步进行安全验收评价，安监局审批，办理安全生产许可证；向质监局申请气瓶充装许可证，人员培训考核上岗。

对于扩建、合建站中涉及加油站既有设备设施（油罐、管线等）调整的，应由安监部门执行危险化学品建设项目安全设施设计审查，保持不变的应在竣工后由安监部门进行加油站部分现状评估；涉及到加气站部分的气瓶及管线调整的，应由住建部门按加气站改建程序审查。合建站中的加油设备、管道的施工和验收，应符合 GB 50156—2021《汽车加油加气加氢站技术标准》和相关的加油站管理办法的规定。

加氢站建设须实行工程监理。工程监理由主管部门组织管理。监理过程必须符合 GB 50319—2019《建设工程监理规范》。监理过程应定期向区主管部门反馈项目建设情况。

加氢站报建批准后，应在批准后规定时间内开工。逾期开工的，须向市主管部门重新申请办理审核手续。

第七步：竣工验收。主要包括两个步骤：

1）联合验收：工程竣工后，建设单位向行业主管部门申请工程验收，同时需要归档资料（包括业主、设计、监理、施工、配套等资料），由行业主管部门组织开展验收并出具验收合格证明文件。

2）充装许可：项目建成并通过竣工验收后，建设单位向市质监局申请充装许可。

第八步：经营许可及日常管理。由区城管局参照《城镇燃气管理条例》向市城管委协调核发经营许可，并实施日常监督管理。加氢站运营主体须持有效期内的相关证照。各种证照需分别按照规定年审（检）。年审（检）不合格的，由相应职能部门依法责令其整改，并按法律、法规予以处罚。加氢站经营许可证实行年审制度，由市（县）住建部门牵头组织实施。根据《加氢站技术规范》中对氢气系统、消防和安全设施、电气设施、通风装置进行安全检查，年审合格后由住建部门更新《加氢站经营许可证》的有效期。

加氢站运营主体须建立健全的安全管理制度、风险管理体系和事故应急预案。加氢站安全管理制度应当包括但不限于以下内容：运行现场安全管理制度、消防安全管理制度、设备安全管理制度、工作人员安全管理制度、安全检查管理制度、事故上报处理流程、定期检验制度、安全保卫工作管理制度等。

下面给出两例加氢站建设管理案例。

案例 1. 广东佛山《加氢站管理办法》

在广东佛山的加氢站管理办法中，基本的加氢站建设审批流程如图 2-30 及上文所述。佛山市住房和城乡建设管理局（以下简称住建部门）是加氢站项目的主管部门，负责统筹推动佛山市的加氢站项目，佛山市国土局、规划局、发改委、消防局、安监局、质监局、环保局、人防等部门协同推进加氢站建设工作。

加氢站的项目的新建、改建、扩建须报住建部门申请。申报单位（企业、个人）向当地市的县（区）住建部门申请建设加氢站，遵循以下审批程序：

（一）项目选址

按商用土地向住建部门申请，由住建部门牵头组织各职能部门进行现场勘察，勘察完成后由住建部门出具项目选址意见书。涉及公交路线设置或改动的，交通部门应根据实际运营情况对选址提出建议。

（二）用地审批

新建及扩建加氢站项目需由申请单位提供项目选址意见书，依照相关法规向国土部门申请取得用地。

（三）立项审批

由发改部门对项目审批并备案；加油（气）加氢合建站中的加油（气）站按相关规定立项。

（四）规划审批

项目批准后，申报单位（企业、个人）向规划部门分别申请用地规划许可和建设工程规划许可，具体如下：

1. 新建站和需要扩大用地面积的合建站：分别出具建设用地规划许可及建设工程规划许可。

2. 不需要申请用地或新增土地的加氢站项目：A. 有新增构筑物的，出具建设用地规划书面意见及建设工程规划许可；B. 没有新增构筑物的，不需要规划部门出具建设工程规划，但应出具建设工程规划书面意见，明确声明该项目符合当前规划无需规划许可证。

（五）报建环节

住建部门牵头组织环保、发改、气象、消防、人防、质监等部门对加氢站设计方案中的环评、节能、防雷防电、消防设计、人防设施、特种设备资质（包括压力管道和储氢气瓶）进行审查，并出具相应的许可；住建部门依据各部门的审批许可核发《建筑工程施工许可证》。为确保加氢站项目设计方案的合规性，可由住建部门委托第三方专业机构或组织审查加氢站项目设计方案，审查意见可作为核发《建筑工程施工许可证》的依据。加氢站项目实施主体可自行开展项目安全评估。

对于扩建、合建站中涉及到加油站既有设备设施（油罐、管线等）调整的，应由安监部门执行危险化学品建设项目安全设施设计审查，保持不变的应在竣工后由安监部门进行加油站部分现状评估；涉及加气站部分的气瓶及管线调整的，应由住建部门按加气站改建程序审查。

加氢站报建批准后，应在批准后一年内开工。逾期开工的，须向市主管部门重新申请办理审核手续。

案例 2.《上海市燃料电池汽车加氢站建设运营管理办法》

在上海市加氢站建设运营管理办法中，市建设行政管理部门负责本市加氢站的建设管理、消防审验和行业管理工作，会同相关部门编制本市加氢站专项规划、建立加氢站市级监管平台。区建设行政管理部门负责本辖区内加氢站的建设管理、消防审验和行业管理工作。市发展改革部门负责指导区发展改革部门做好加氢站项目备案投资管理工作。市经济信息化部门负责明确本市加氢站建设需求，协调本市既有加油站增建加氢设施工作。市、区规划资源部门依据职责负责本市加氢站的选址和建设项目规划审批工作。市、区市场监管部门依据职责负责本市加氢站的特种设备安全监管工作。市、区应急管理部门指导本市加氢站的安全管理工作，市、区消防救援部门负责加氢站的日常消防监督和检查。市公安、交通、生态环境、科学技术等有关部门按照各自职责，协同实施本办法。其中加氢站建设运营管理的条款主要在管理办法第二至五章（第五至二十条），具体如下：

第二章　规划建设管理

第五条（规划编制）

市建设行政管理部门应当会同市发展改革、规划资源、经济信息、应急管理、交通等部门编制本市加氢站布局专项规划，经市政府批准后纳入国土空间规划。

区建设行政管理部门会同区规划资源等部门，根据本市加氢站布局专项规划，组织编制本辖区加氢站建设实施方案。

第六条（建设用地）

鼓励加氢站建设用地集约使用，在符合本市加氢站布局规划的前提下，支持合法建设的汽车加油站、加气站利用现有土地建设加氢站；在公交场站、机场港口、物流园区和产业园区内，企业可以使用交通设施、工业、仓储等自有土地建设加氢站，并依法办理相关手续。

新增加氢站用地以公开招拍挂方式供应，其中迁建加氢站用地可以由市建设行政管理部门出具的项目批复，明确受让主体，以定向挂牌方式供地。

第七条（站点建设）

新建、改建、扩建加氢站项目按照本市一般项目建设的审批程序进行报批。加氢站工程的建设，应当符合国家和本市有关标准和规范。加氢站建设工程竣工后，建设单位应当依法组织竣工验收，未经验收或者验收不合格的，不得交付使用。

第八条（设计施工）

加氢站的设计、施工、监理单位，应当持有相应的资质；从事压力容器、压力管道等特种设备设计、安装的单位，应当持有相应的特种设备许可。

第三章　经营许可管理

第九条（许可制度）

加氢站经营企业应当依法取得燃气经营许可证（燃料电池汽车加氢站）（以下简称"经营许可"），有效期 8 年。加氢站经营企业设立的加氢站，还应当依法取得燃气供气站点许可证（燃料电池汽车加氢站）（以下简称"供气许可"），有效期 3 年。

申请经营许可的企业应当具备下列条件：（一）有经专业培训并考核合格的人员：企业主要负责人、安全生产管理人员、特种作业人员应具备相应的安全生产知识和管理、操作能力，并考核合格。其中企业技术负责人还应具有专业中级以上技术职称；专职安全生产管理负责人还应取得注册安全工程师资格。（二）有符合国家标准的氢气气源。1）应当与氢气供应企业签订供用气合同。2）氢气质量应当符合《质子交换膜燃料电池汽车用燃料氢气》（GB/T 37244）的标准。（三）有符合《氢能车辆加氢设施安全管理规程》（GB/Z34541）相关要求的企业安全管理制度、安全操作规程、安全生产责任制度、风险管理体系、应急抢修人员和设备，以及事故应急预案等。（四）有符合要求的加氢站。（五）法律、法规规定的其他条件。

申请供气许可的加氢站应当具备下列条件：（一）布局应当符合本市加氢站规划要求。（二）站点建设应当符合《加氢站技术规范》（GB 50516）、《加氢站安全技术规范》（GB/T 34584）、《燃料电池汽车加氢站技术规程》（DGJ 08-2055）、《重点单位重要部位安全技术防范系统要求第 9 部分：零售商业》（DB31/T 329.9）和《单位（楼宇）智能安全技术防范系统要求》（DB31/T 1099）的标准。其中在外环线以内以及郊区新城范围内建设的加氢站应当增加安全防护措施。（三）有符合标准的氢气消防、安全保护等设施。（四）有防泄漏、防火、防爆安全管理制度和事故处置应急预案。（五）有经培训合格的专业技术人员和专业服务人员，具体如下：

1）加氢站站长，取得安全培训合格证书、消防安全培训合格证书。

2）专职安全管理员，取得安全培训合格证书、特种设备安全管理人员资格证、消防安全培训合格证书。

3）加气工，取得特种设备安全管理人员资格证（气瓶充装）、消防安全培训合格证书。

（六）法律、法规规定的其他条件。

第十条（申请材料）

申请经营许可的企业应当向市建设行政管理部门提交下列申请材料：

（一）企业主要负责人、安全管理人员和操作人员相关资格证书和考核合格证明。（二）氢气供应合同。（三）企业安全管理制度、安全操作规程、安全生产责任制度、风险管理体系。（四）应急预案。经营企业应当根据加氢站可能发生的氢气泄漏、火灾、爆炸或其他事故编制综合应急预案和专项应急预案。（五）法律、法规和规章规定的其他材料。

申请站点供气许可的应当提交下列材料：（一）加氢站场地产权证明或有效使用证明。（二）加氢站竣工验收文件、消防审验材料、气瓶充装许可证、氢气泄漏报警保护装置和雷电防护装置检验检测报告。（三）安全评价报告。报告的内容应当包含加氢站设计、施工、验收情况以及相关安全运行管理规程评价，并对加氢站安全生产条件存在的问题进行整改的方案。（四）应急预案和现场处置方案、应急救援组织或者应急救援人员，以及应急救援器材、设备设施清单。（五）站长、专职安全管理员、加气工相关资格证书和考核合格证明。

第十一条（许可管理）

市建设行政管理部门通过材料审查和现场核查的方式对经营许可和供气许可申请进行审查。经营许可和供气许可的申请、延续、撤销、注销、变更，汽车加氢站停业、歇业或者关闭等情况按照《上海市燃气管理条例》执行。

第四章　企业安全管理

第十二条（企业职责）

经营企业应当按照《氢能车辆加氢设施安全管理规程》（GB/Z34541）的要求，建立健全安全运行管理机构和管理制度。

企业主要负责人为单位安全责任人，负责组织制订和实施本企业安全生产规章制度和操作规程，对本企业的安全工作负责；加氢站站长为站点安全责任人，负责落实安全生产规章制度和操作规程，对本站点的安全工作负责。

安全管理制度应当包括但不限于运行现场安全管理制度、消防安全管理制度、设备安全管理制度、工作人员安全管理制度、安全检查管理制度、事故上报处理流程、定期检验制度、安全保卫工作管理制度。

经营企业应当按照规定，对氢气配送车辆的营运证件和检测评定信息、驾驶人员和押运人员的资格证书以及危险货物运单等事项进行查验。加氢站供应的氢气应当定期由第三方检测并公布结果。

经营企业及加氢站应当定期组织全面的事故隐患排查治理，及时消除事故隐患，保障安全生产。

经营企业应当加强从业人员的安全培训和教育，对人员的安全培训、考核等做出规定。

经营企业应当为从业人员配备必要的安全防护用品和安全防护用具。

加氢站应当按照国家有关规定和技术标准，设置相应的防火、防爆、防雷、防静电、监测、报警、联锁等安全设施、设备和装置，定期进行维护、保养和检测，并做好相关记录。相关记录应当保存三年以上。

加氢站应当每班都有安全管理员在岗，负责监督检查安全管理措施的落实，纠正违章行为。

加氢站安全管理制度和安全操作规范应当张贴在醒目的位置，氢气危险风险告知牌应当向外界公示。

第十三条（信息化监管）

经营企业应当建立加氢站数据采集与监测系统，并保存以下数据，其中音视频数据的保存时限不少于三个月；非音视频数据的保存时限不少于一年：（一）氢气设备运行日志（运行参数，维护保养记录，检验标定记录）。（二）充装、加注信息。（三）安全监控系统数据（参数、音视频）。（四）氢气质量记录。（五）隐患、事故处置记录。（六）应急演练记录。（七）人员培训记录。加氢站其他数据的采集应符合相关部门的监管要求。

第十四条（充装管理）

加氢站应当按照《气瓶安全技术规程》（TSG23）为燃料氢电池车辆提供车用气瓶充装服务。

第十五条（安全评价）

经营企业应当委托具有相应资质的安全技术服务机构每三年对加氢站进行安全评价，出具安全评价报告；每年组织相关专家或安全技术服务机构对加氢站的日常运营进行安全评估。

第十六条（应急管理）

经营企业及加氢站应当按照《生产安全事故应急预案管理办法》（应急管理部令第 2 号）有关要求，加强应急管理：（一）编制应急预案，明确应急职责、规范应急程序、细化保障措施；组织对应急预案进行评审，形成书面评审纪要。（二）每半年组织一次应急预案演练，评估演练效果，分析存在的问题，撰写评估报告，对应急预案提出修订意见。（三）建立应急救援组织；配备必要的应急救援器材、设备和物资，并进行经常性维护、保养，保证正常运转。（四）加氢站发生安全事故的，应当第一时间启动应急响应，组织有关力量进行应急处置和应急救援，并按照规定将事故信息及应急响应启动情况报告上级管理单位和事故发生所在区建设行政管理部门和应急管理部门。

第十七条（暂停供气）

因工程施工或者设施维修等情况需暂停供气的，加氢站应当在暂停供气三日前予以公告；暂停供气超过二十四小时或因突发事件影响供气的，加氢站应当采取相应的应急保障措施，同时向市、区建设行政管理部门报告。

第五章　政府监管

第十八条（禁止行为）

任何单位和个人不得侵占、损毁、擅自拆除加氢站设施，不得损毁、覆盖、涂改、擅自拆除或移动加氢站的安全警示标志。任何单位和个人发现有危害加氢站安全的行为，有权予以劝阻、制止；经劝阻、制止无效的，应当立即通知加氢站经营企业并向建设、应急管理、公安等有关部门举报。

第十九条（日常监管）

本市建立加氢站公共数据采集和监管市级平台，加氢站经营企业应当按照相关要求，将有关信息数据实时接入平台，各相关管理部门可依托平台开展监管工作。

加氢站所属区建设行政管理部门应当会同公安、消防、应急管理、市场监管、交通管理等部门，根据相关管理要求和本办法的规定，建立加氢站日常检查制度，对加氢站的经营条件、设备管理、安全管理、供应服务等情况定期进行监督检查（每三个月不少于一次），并将检查结果报市相关管理部门，市相关管理部门做好指导工作。

第二十条（法律责任）

违反本办法的，由市、区建设行政管理部门按照《上海市燃气管理条例》的有关规定进行处罚。

涉及公安、消防、应急管理、市场监管、环境保护、规划资源、交通管理等有关规定的，由相关行政主管部门依法处理。

课 后 习 题

一、填空题

1. 加氢站通常由制氢系统、＿＿＿＿＿＿＿＿系统、＿＿＿＿＿＿＿＿系统、＿＿＿＿＿＿＿＿系统、＿＿＿＿＿＿＿＿系统及其安全部件组成。

2. 高压储氢具有＿＿＿＿＿＿＿＿、＿＿＿＿＿＿＿＿、＿＿＿＿＿＿＿＿等优点。

3. 从建设成本来看，加氢站核心设备包括＿＿＿＿＿＿＿＿、＿＿＿＿＿＿＿＿、＿＿＿＿＿＿＿＿、＿＿＿＿＿＿＿＿、

_____等。

4. 在燃料电池乘用车的空间分布估计中，通常是根据_____进行预测，比如_____、_____、_____。在广义巴斯扩散模型中，主要将消费者分为_____、_____两类，此外，还引入了加氢站数量、政策激励等外部因素函数。

二、单选题

1. 目前，35MPa加氢站高压储氢容器工作压力通常为（　　），70MPa加氢站高压储氢容器工作压力通常为（　　）。

A. 35MPa，70MPa
B. 35MPa，87.5MPa
C. 45MPa，70MPa
D. 45MPa，87.5MPa

2. 以下哪个选项是加氢站工艺流程中可能存在的氢气传输路径？（　　）

A. 管束拖车→高压储氢容器→压缩机→加氢机→车载储氢瓶
B. 电解制氢单元→压缩机→高压储氢容器→加氢机→车载储氢瓶
C. 液氢储罐→高压储氢容器→蒸发器→加氢机→车载储氢瓶
D. 高压气氢管道→高压储氢容器→压缩机→加氢机→车载储氢瓶

3. 加氢站建设中，成本最高的关键设备是（　　）。

A. 加氢机
B. 压缩机
C. 储氢罐
D. 卸气柱

4. 加氢站后期运营成本中，最高的是（　　）。

A. 氢气成本
B. 运营维护
C. 设备折旧
D. 人员工资

5. 在早期的加氢基础设施建设中，氢气运输使用的方式最多的是（　　）。

A. 液氢槽车
B. 管道系统
C. 水路运输
D. 管束拖车

6. 下列关于液氢加氢站的描述错误的是（　　）。

A. 液氢加氢站具有储运效率高、长距离运输经济性佳、氢气纯度高、站内能效高等优点
B. 相较于先汽化后通过压缩机压缩气态氢的工艺，液氢泵的能耗要高于压缩机能耗
C. 液氢泵是提升液态氢气压力至满足加氢机所需压力的设备，是液氢加氢站的关键设备
D. 液氢储罐是用于储存液氢的压力容器，包括绝热系统、必要的安全装置，及压力、液位显示仪表等

7. 下列加氢站布点建设相关的模型中，常用于燃料电池汽车市场随时间变化预测的是（　　）。

A. 离散选择模型
B. P 中值模型
C. 巴斯扩散模型
D. 集合覆盖模型

参 考 文 献

［1］ CHEN T P. Hydrogen Delivery Infrastructure Options Analysis ［R］. Nexant Inc，2014.

［2］ YANG C，OGDEN J. Determining the lowest-cost hydrogen delivery mode ［J］. International Journal of Hydrogen Energy，2007，32（2）：268-286.

［3］ REDDI K，ELGOWAINY A，RUSTAGI N，et al. Impact of hydrogen refueling configurations and market parameters on the refueling cost of hydrogen ［J］. International Journal of Hydrogen Energy，2017，42（34）：21855-21865.

［4］ WIETSCHEL M，HASENAUER U. Feasibility of hydrogen corridors between the EU and its neighbouring countries ［J］. Renewable Energy，2007，32（13）：2129-2146.

［5］ WEINERT J，SHAOJUN L，OGDEN J，et al. Hydrogen refueling station costs in Shanghai ［J］. International Journal of Hydrogen Energy，2007，32（16）：4089-4100.

［6］ REDDI K，MINTZ M，ELGOWAINY A，et al. Building a hydrogen infrastructure in the United States ［M］. Amsterdam：Elsevier，2016：293-319.

［7］ REDDI K，ELGOWAINY A，RUSTAGI N，et al. Techno-economic analysis of conventional and advanced high-pressure tube trailer configurations for compressed hydrogen gas transportation and refueling ［J］. International Journal of Hydrogen Energy，2018，43（9）：4428-4438.

［8］ ELGOWAINY A. Optimization of Compression and Storage Requirements at Hydrogen Refueling Stations ［C］. ASME Pressure Vessels and Piping Division Conference，2008.

［9］ WEINERT J X. A Near-Term Economic Analysis of Hydrogen Fueling Stations ［R］. 2005.

［10］ ELGOWAINY A，REDDI K，SUTHERLAND E，et al. Tube-trailer consolidation strategy for reducing hydrogen refueling station costs ［J］. International Journal of Hydrogen Energy，2014，39（35）：20197-20206.

［11］ CAMPBELL A R，RYLEY T，THRING R. Identifying the early adopters of alternative fuel vehicles：A case study of Birmingham，United Kingdom ［J］. Transportation Research Part a-Policy and Practice，2012，46（8）：1318-1327.

［12］ KO J，GIM T T，GUENSLER R. Locating refuelling stations for alternative fuel vehicles：a review on models and applications ［J］. Transport Reviews，2017，37（5）：551-570.

［13］ SKIPPON S，GARWOOD M. Responses to battery electric vehicles：UK consumer attitudes and attributions of symbolic meaning following direct experience to reduce psychological distance ［J］. Transportation Research Part D-Transport and Environment，2011，16（7）：525-531.

［14］ 徐如辉. 城市加氢站布局规划及其安全评价研究 ［D］. 济南：山东建筑大学，2019.

［15］ BASS F M，KRISHNAN T V，JAIN D C. WHY THE BASS MODEL FITS WITHOUT DECISION VARIABLES ［J］. Marketing Science，1994，13（3）：203-223.

［16］ HONMA Y，KUBY M. Node-based vs. path-based location models for urban hydrogen refueling stations：Comparing convenience and coverage abilities ［J］. International Journal of Hydrogen Energy，2019，44（29）：15246-15261.

［17］ LIN R H，YE Z Z，WU B D. A review of hydrogen station location models ［J］. International Journal of Hydrogen Energy，2020，45（39）：20176-20183.

［18］ KIM J G，KUBY M. The deviation-flow refueling location model for optimizing a network of refueling stations ［J］. International Journal of Hydrogen Energy，2012，37（6）：5406-5420.

［19］ LI L，MANIER H，MANIER M A. Hydrogen supply chain network design：An optimization-oriented review

［J］．Renewable & Sustainable Energy Reviews，2019，103：342-360.

［20］LIN R，YE Z，GUO Z，et al. Hydrogen station location optimization based on multiple data sources［J］．International Journal of Hydrogen Energy，2020，45（17）：10270-10279.

［21］李玉珊．考虑氢燃料汽车市场扩散的氢燃料基础设施规划研究［D］．北京：清华大学，2019.

［22］HOSSEINI M，MIRHASSANI S A，HOOSHMAND F. Deviation-flow refueling location problem with capacitated facilities：Model and algorithm［J］．Transportation Research Part D-Transport and Environment，2017，54（269-281）．

［23］孙浩然．基于全生命周期的加氢站选址定容优化［D］．成都：西南交通大学，2018.

［24］郑乾辉．基于氢供应链的加氢站布点建模研究［D］．上海：同济大学，2022.

第3章 加氢站技术规范

我国的加氢站建设虽然起步较晚，但近几年发展却十分迅速，已初具规模，进入示范运营阶段。国内能源企业、设备制造商及物流企业等纷纷进入氢能领域，加大了氢能产业链技术开发和投资力度。与此同时，与氢能产业链相关的技术标准、行业规范也在加紧制定和完善中。本章简介了国内外加氢站相关技术规范的发展，并重点介绍在我国进行加氢站设计建设要遵循的相关技术规范要点。

3.1 加氢站技术规范简介

3.1.1 加氢站技术规范沿革

各国建造的加氢站必须符合本国的法规及标准，我国也不例外。我国国家层面的加氢站设计法规起步于 2010 年，当时国家住建部发布了 GB 50516—2010《加氢站技术规范》[1]，由中国电子工程研究院主编，规范依据是 2007 年上海安亭和北京飞驰的两座示范加氢站，该版规范结合了当时车用加油加气规范的操作实例，又融入了氢气作为工业危化品的特殊要求，能较好地服务于初期国内加氢站的设计。

由于加氢站按站内能源服务形式，分为纯氢站和合建站，GB 50516—2010 版本仅针对合建站做了部分说明，对于三种及以上合建（油气氢）的定义较模糊，不能有效指导日益增长的车用综合能源站的设计需求，且"十二五"和"十三五"期间，加氢站的工艺设计本身和所采用的站控设备也发生了较大变化，涌现出 70MPa 加氢、液氢和站内制氢等新的设计需求，故为进一步规范加氢站的设计，与技术发展相衔接，GB 50516 于 2021 年重新进行了修订，修订版移除了合建站部分，新增了大量新型技术要求，以作为纯氢站的主要设计依据。而合建站部分则并入 2021 年颁布的新版标准 GB 50156—2021《汽车加油加气加氢站技术标准》[2]，该标准由中国石化建设工程有限公司主编，其在原有加油加气站设计基础上，融入了加氢工艺，是目前国内合建站的主要设计依据。

2021 年两本规范同时颁布后基本完善了我国加氢站（包括纯氢站及合建站）设计体系，

能充分且全面地指导当前各类加氢站项目的工程设计，如表 3-1 和图 3-1 所示。

表 3-1　现行的加氢站技术规范

规范名称	编号	版本年代		适用
		现行版本	历史版本	
加氢站技术规范	GB 50516—2010	修订版 2021 年	2010	纯氢站 1
汽车加油加气加氢站技术标准	GB 50156—2021	升级版 2021 年	2002、2012	合建站 2

注：1. 纯氢站指单纯提供车辆加氢服务的独立能源加注站，服务对象仅为燃料电池汽车。纯氢站又分为固定站和撬装站，其中撬装站是临时加氢过渡设施，建设审批同样执行固定站要求。
　　2. 合建站指加氢和其他一种或多种能源服务（加油、加气、充电）合建的车辆加注站。合建站的优势在于可有效服务于现阶段多种车用能源并存的场景。

两本加氢站技术规范：除提供设计阶段的技术要求外，也包括了加氢站施工及建造阶段的各类技术要求；且除工艺专业外，也包括了建筑（含总图）、结构、给排水（含消防）、电气、仪控、暖通、通信和 HSE（HSE 是健康 Health、安全 Safety 和环境 Environmental 的缩写）等站内公用工程的技术要求。

图 3-1　加氢站技术规范

3.1.2　加氢站的主要工程技术规范

加氢站工艺设计除参照两本加氢站设计规范外，还要参照一系列工业领域的专业设计规范；此外，工程项目建设还须执行其他公用工程领域的专业技术规范，表 3-2 基本列出了我国现行加氢站工程设计建造中使用的各类工程技术规范，供读者参考。

表 3-2　加氢站的主要工程技术规范一览表

序号		专业	设计规范名称	国标编号	备注
1	1.1	工艺	加氢站技术规范	GB 50516—2010	纯氢站、综合
	1.2		汽车加油加气加氢站技术标准	GB 50156—2021	合建站、综合
	1.3		工业金属管道设计规范	GB 50316—2000	压力管道设计
	1.4		压力容器	GB 150—2011	压力容器设计
	1.5		工业金属管道工程施工规范	GB 50235—2016	工业管道施工
	1.6		现场设备、工业管道焊接工程施工规范	GB 50236—2011	焊接工艺施工

（续）

序号	专业		设计规范名称	国标编号	备注
2	2.1	建筑	建筑设计防火规范	GB 50016—2014	建材、防火
	2.2		公共建筑节能设计标准	GB 50189—2015	门窗墙能耗
			民用建筑设计统一标准	GB 50352—2019	通用要求
	2.3		化工企业总图运输设计规范	GB 50489—2009	进出口、道路
3	3.1	结构	砌体结构设计规范	GB 50003—2001	砌体结构
	3.2		建筑地基基础设计规范	GB 50007—2001	建构筑基础
	3.3		混凝土结构设计规范	GB 50010—2010	混凝土结构
	3.4		钢结构设计规范	GB 50017—2017	钢结构
	3.5		建筑抗震设计规范	GB 50011—2010	建筑抗震
	3.6		构筑物抗震设计规范	GB 50191—2012	设施抗震
4	4.1	给排水	室外给水设计规范	GB 50013—2018	室外给水
	4.2		室外排水设计规范	GB 50014—2021	室外排水
	4.3		建筑给水排水设计规范	GB 50015—2019	室内给排水
	4.4		建筑灭火器配置设计规范	GB 50140—2005	消防射手
5	5.1	电气	供配电系统设计规范	GB 50052—2009	变调压器
	5.2		低压配电设计规范	GB 50054—2011	低压配电系统
	5.3		爆炸危险环境电力装置设计规范	GB 50058—2014	防爆电气设备
	5.4		建筑照明设计标准	GB 50034—2004	室内照明
6	6.1	仪控	石油化工可燃气体和有毒气体检测报警设计规范	GB 50493—2009	可燃报警
	6.2		火灾自动报警系统设计规范	GB 50116—2013	火灾报警
	6.3		控制室设计规范	HG/T 20508—2014	控制室设计
7	7.1	暖通	工业设备及管道绝热工程施工规范	GB 50126—2008	加氢制冷系统
	7.2		民用建筑热工设计规范	GB 50176—2016	建材节能
	7.3		民用建筑供暖通风与空气调节设计规范	GB 50736—2012	民用空调、通风
	7.4		工业建筑供暖通风与空气调节设计规范	GB 50019—2015	工业空调、通风
8	8.1	通信	入侵报警系统工程设计规范	GB 50394—2007	周界防护
9	9.1	HSE	环境空气质量标准	GB 3095—2012	大气环境
	9.2		声环境质量标准	GB 3096—2008	声环境
	9.3		工业企业设计卫生标准	GBZ 1—2010	职业卫生
	9.4		安全防范工程技术规范	GB 50348—2018	总体安全设计
	9.5		安全标志及其使用导则	GB 2894—2008	安全标识设置
	9.6		加氢站安全技术规范	GB/T 34584—2017	安全技术要求

注：鉴于标准更新较快，上表中规范号不列出现行版本，按自行查阅最新版本。

3.1.3 国外规范和地方规程

1. 国外标准

还有必要进一步对国外加氢站设计规范做适当了解。

（1）ISO 标准

ISO 是国际标准化组织（the International Standardization Organization）的简称，其编制的规范可作为国际间的通用技术要求。

ISO 有专门的加氢站标准《Gaseous Hydrogen Fuelling stations》（ISO 19880），主要适用范围在欧洲。该规范由氢能技术委员会（TC/197）负责编制，我国也有氢能行业领域专家一起参与编制。

ISO 标准内容较全面，ISO 19880 共包括通用要求、加氢机、阀门、加氢机软管和燃料质量控制等 8 个子规范。ISO 规范非常注重加氢领域的新型技术应用，一旦有先进技术或设备成熟推向市场，标准会及时出具修订单，也会定期升版更新。ISO 标准的初版本是 2016 年，目前的最新版本是 2020 年。

（2）美国标准

美国的技术标准体系十分完善，涉及社会安全类（含易燃易爆气体）的技术标准均由美国消防协会 NFPA（National Fire Protection Association）主导编制。

美国没有专门的加氢站标准，需要执行《Hydrogen Technologies Code》（NFPA 2），NFPA 2 囊括了氢能上下游产业链中各方面的技术要求，最新版本是 2020 年。

NFPA 最新版包括 18 个章节，用于指导储氢、加氢、氢能发电等各类设施的设计。其中第 10 章 "GH$_2$ Vehicle Fueling Facilities"（译：气态氢车辆加注设施）和第 11 章 "LH$_2$ Fueling Facilities"（译：液态氢加注设施）可用于指导加氢站的具体设计。NFPA 2 的附录 E 还列出了加氢站相关设施的站内外安全间距。

针对非道路车辆用户的小型终端加氢设施（如叉车、工程机械等），NFPA 另有两本标准可以参考，分别是《Standard for Gaseous Hydrogen Systems at Consumer Sites》（NFPA 50A）和《Standard for Liquefied Hydrogen Systems at Consumer Sites》（NFPA 50B），也分别对应于气态氢和液态氢，但这两本规范发布较早，都在 1999 年。

（3）其他主要国家法规和标准

除中美两国及 ISO 标准外，全球还有 10 多个国家编制了与加氢站有关的法规和标准，在表 3-3 中列出供大家参考。

表 3-3 其他国家（除中美外）的加氢站相关法规和标准

序号	国家	原名	性质	版本
1	日本	高圧ガス保安法（译：高压气体安全法）	法律	
2	韩国	Facility/Technical/Inspection code for fuel vehicles refueling by type of on-site hydrogen production——KGS FP216 （译：韩国加氢站标准）	规范	2020

（续）

序号	国家	原名	性质	版本
3	英国	1. The design, construction, maintenance and operation of filling stations dispensing gaseous fuels——BCGA CP41； 2. Smaller gaseous hydrogen storage systems, or for liquid hydrogen storage——BCGA CP33 （译：BCGA——英国压缩气体协会；CP——Code of Practice）	规范	2014
4	法国	Stockage ou emploi de l'hydrogène——La rubrique-N1416 （译：氢的储存与使用——公告 1416 号）	法律	1998
5	意大利	Technical rule for the design, construction and exercise of hydrogen refueling stations——Regulation-2006-08-31 （译：加氢站建设标准）	法律	2006
6	德国	Requirements for hydrogen fueling stations and other sources——VdTÜV-Merk-blatt Compressed gases-514	法律	
7	瑞典	Anvisningar för tankstationer för metangasdrivna fordon （译：气体燃料车辆加注站的说明）	规范	2015
8	加拿大	Canadian hydrogen installation code——CAN/BNQ 1784 （译：加拿大氢气安装规范）	规范	2007

由于一些国家的加氢站法律规范制定较早，不能满足本国的加氢站技术发展和设计需求，故随着 2020 年新版 ISO 和 NFPA 标准的推出，多数欧洲和北美国家也参考这两个国际先进标准来指导本国的加氢站设计。

东亚近邻韩国与我国一样，也自主编制了符合本国特点及需求的专门的加氢站设计规范，最新版本也是 2020 年，这也反映了加氢站技术不断变更的现状。

2. 我国地方规程

上海市早在 2009 年就颁布了加氢站建设的地方规程——《燃料电池汽车加氢站技术规程》（DGJ08—2055—2009），发布时间早于国家规范。规程的核心内容一方面来源于当时的加油加气站标准（GB 50156），尤其是液化石油气部分，另一方面也吸收了上海安亭加氢站项目设计和运营中的有益经验。该规程有效指导了之后 2010 年上海世博会加氢站的设计建设。目前，上海地方规程版本是 2017 年，新版正在讨论修订中。

随着国家规范的出台，新版的上海地方规程在严格遵循前者基础上，也有一些创新性亮点，例如，2009 版提出站内地面设置不发火地坪的安全措施（2017 版修订为不强制），而在目前的最新修订过程中，推荐采用可再生能源实现站内制绿氢的方案，这部分极好地匹配于国家"3060"双碳目标；另外，在站控系统设置中，借鉴化工行业的安全做法，强调独立设置 DCS、ESD 和 FGS 系统，这些独立系统配置对提高站控系统的安全可靠性大有裨益。

新版修订第 11 章，用于描述加氢站的运营管理，这也是与国家规范接轨，更有利于设计者站在使用角度，来合理优化加氢站的设计方案。

综上所述，国外标准的一些技术要求与国内不同，地方规程则是在国家规范基础上针对所在城市增加了特定的技术要求，限于篇幅不作详细展开，有兴趣的读者可自行查阅。

3.2 加氢站站址选择的要求

3.2.1 站址选择的原则

加氢站的站址选择是工程设计建造的第一步，其选址原则需要兼顾以下四个因素。

1. 符合城市规划

首先，加氢站站址应符合城镇规划、环境保护和消防安全的总体要求，其选址还应执行当地政府主管部门业已编制的氢能产业类规划或站址布局类规划的具体要求。

2. 加氢站的等级

加氢站的等级分为三级：一级，二级和三级（具体划分见本章 3.2.2 小节）。

规范要求，在城市建成区内不应建造一级站，包括纯氢站和合建站，二、三级站可在城市建成区建设；中心城区考虑安全角度，宜建三级站。

需要注意，加氢站可与油气等常规车用燃料加注站合建，油氢和气氢两者合建站有一二三这三个级别，但油气氢三者合建站只有两个级别，最低等级为二级，没有三级。

3. 交通位置和周边

再次，加氢站的站址应设在交通便捷的位置。城市建成区内应靠近市政道路，但不宜邻近干道交叉路口（建议 50m 外）；公路和国道旁的加氢站可设在综合服务区内；非道路交通用的加氢站（厂区、货场或港口）建议选择空旷的边缘配套场地，远离易燃设施和人员密集区域。

加氢站的不合理选址示例如图 3-2 所示。

图 3-2 加氢站的不合理选址示例

4. 利用现有车用站点

合建站站址可充分利用现状改扩建的加油站、加气站或充电站，并宜与新建的油气电等车辆加注设施共同作为新建综合能源站的选址。

3.2.2　加氢站的建站等级

在具体给出站址设计相关的安全距离前，需要先明确加氢站的建站等级。根据国家的现行设计规范体系，加氢站等级也区分为纯氢站与合建站，按站内设施规模大小，由高到低，分为一、二、三级。

纯氢站的等级见表 3-4。

表 3-4　纯氢站的等级划分表

等级	储氢罐容量/kg	
	总容量 G	单罐容量
一级	$5000 < G \leqslant 8000$	$\leqslant 2000$
二级	$3000 < G \leqslant 5000$	$\leqslant 1500$
三级	$G \leqslant 1000$	$\leqslant 800$

注：摘自《加氢站技术规范》（GB 50516—2010（2021 版））之表 3.0.2A。

合建站的建站等级要区分气态氢、液态氢，并且合建形式还有加油或加气，加气又再细分为 CNG 或 LNG，故合建站等级的划分层次较多，详见表 3-5 至表 3-10。

表 3-5　合建站的等级划分表（一）

加油与高压气氢		
等级	油罐总容积与气氢总储量	油罐单罐容量/m³
一级	$V_{oil}/240 + V_{GH}/8000 \leqslant 1$	$\leqslant 50$
二级	$V_{oil}/180 + V_{GH}/4000 \leqslant 1$	汽油罐 $\leqslant 30$，柴油罐 $\leqslant 50$
三级	$V_{oil}/120 + V_{GH}/2000 \leqslant 1$	$\leqslant 30$

注：1. 摘自《汽车加油加气加氢站技术标准》（GB 50156—2021）之表 3.0.18。
　　2. 柴油罐容积折半计入油罐总容积。
　　3. 气氢总储量包括移动式长管拖车和固定式储氢瓶组（或罐）。

表 3-6　合建站的等级划分表（二）

加油与液氢			
等级	油罐总容积与液氢总储量	配套容器总容积/m³	油罐单罐容量/m³
一级	$V_{oil}/240 + V_{LH}/180 \leqslant 1$	$\leqslant 15$	$\leqslant 50$
二级	$V_{oil}/180 + V_{LH}/120 \leqslant 1$	$\leqslant 12$	汽油罐 $\leqslant 30$，柴油罐 $\leqslant 50$
三级	$V_{oil}/120 + V_{LH}/60 \leqslant 1$	$\leqslant 9$	$\leqslant 30$

注：摘自《汽车加油加气加氢站技术标准》（GB 50156—2021）之表 3.0.19。

表 3-7 合建站的等级划分表（三）

等级	CNG 加气与气氢/液氢				
	气氢	液氢		常规 CNG 加气站	CNG 加气子站
	储氢总量 G/kg	液氢总容积 V/m³	配套容器总容积/m³	储气总容积/m³	储气总容积/m³
一级	$2000 < G \leqslant 4000$	$60 < V \leqslant 120$	$\leqslant 15$	$\leqslant 24$	固定储气≤12，1 辆拖车
二级	$1000 < G \leqslant 2000$	$30 < V \leqslant 60$	$\leqslant 12$	$\leqslant 24$	无固定储气，2 辆拖车
三级	$G \leqslant 1000$	$V \leqslant 30$	$\leqslant 9$	$\leqslant 12$	固定储气≤9，1 辆拖车

注：1. CNG 为 Compressed Natural Gas（压缩天然气）的缩写。

2. 摘自《汽车加油加气加氢站技术标准》（GB 50156—2021）之表 3.0.20。

表 3-8 合建站的等级划分表（四）

等级	LNG 加气与气氢/液氢		
	LNG 加气与气氢	LNG 加气与液氢	
	LNG 罐总容积与气氢总储量	LNG 罐总容积与液氢总储量	配套容器总容积/m³
一级	$V_{LNG}/180 + V_{GH}/8000 \leqslant 1$	$V_{LNG}/180 + V_{LH}/180 \leqslant 1$	$\leqslant 15$
二级	$V_{LNG}/120 + V_{GH}/4000 \leqslant 1$	$V_{LNG}/120 + V_{LH}/120 \leqslant 1$	$\leqslant 12$
三级	$V_{LNG}/160 + V_{GH}/2000 \leqslant 1$	$V_{LNG}/60 + V_{LH}/60 \leqslant 1$	$\leqslant 9$

注：1. LNG 为 Liquefied Natural Gas（液化天然气）的缩写。

2. 摘自《汽车加油加气加氢站技术标准》（GB 50156—2021）之表 3.0.21。

表 3-9 合建站的等级划分表（五）

等级	油、CNG 加气、气氢/液氢			
	油罐与气氢总储量	油罐与液氢总储量	CNG 加气站储气总容积/m³	
			常规加气站	加气子站
一级	$V_{oil}/240 + V_{GH}/8000 \leqslant 0.67$	$V_{oil}/240 + V_{LH}/180 \leqslant 0.67$	$\leqslant 24$	固定储气≤12，1 辆拖车 无固定储气，2 辆拖车
二级	$V_{oil}/180 + V_{GH}/4000 \leqslant 0.67$	$V_{oil}/180 + V_{LH}/120 \leqslant 0.67$	$\leqslant 12$	固定储气≤9，1 辆拖车

注：摘自《汽车加油加气加氢站技术标准》（GB 50156—2021）之表 3.0.22。

表 3-10 合建站的等级划分表（六）

等级	油、LNG 加气、气氢/液氢	
	油罐、LNG 罐总容积与气氢总储量	油罐、LNG 罐总容积与液氢总储量
一级	$V_{oil}/240 + V_{LNG}/180 + V_{GH}/8000 \leqslant 1$	$V_{oil}/240 + V_{LNG}/180 + V_{LH}/180 \leqslant 1$
二级	$V_{oil}/180 + V_{LNG}/120 + V_{GH}/4000 \leqslant 1$	$V_{oil}/180 + V_{LNG}/120 + V_{LH}/120 \leqslant 1$

注：摘自《汽车加油加气加氢站技术标准》（GB 50156—2021）之表 3.0.23。

加氢站（包括纯氢站和各类油气氢合建站）与充电站的合建等级参照 GB/T 34584—2017《加氢站安全技术规范》的规定[3] 见表 3-11。

表 3-11　加氢站与充电站的合建等级划分

加氢站、充电站				
加氢站等级	充电站等级			
	一级 电池≥6800kW·h 或 单路≥5000kV·A	二级 3400kW·h≤电池＜ 6800kW·h 或 3000kV·A≤单路＜ 5000kV·A	三级 1700kW·h≤电池＜ 3400kW·h 或 1000kV·A≤单路＜ 3000kV·A	四级 电池＜1700kW·h 或 单路＜1000kV·A
一级	×	×	×	×
二级	×	一级	一级	二级
三级	×	二级	二级	三级

注：摘自《加氢站安全技术规范》（GB/T 34584—2017）之表 1；×为不允许合建。

3.2.3　站外设施安全距离的控制要求

由于加氢站的工艺设施属于甲类（易燃易爆），主要包括储氢罐、压缩机、加氢机和放空管，《加氢站技术规范》（GB 50516—2010）对其与站外的建构筑物之间最小安全间距规定见表 3-12。

表 3-12　加氢站设施与站外建构筑物的最小安全间距　　　　　（单位：m）

项目名称		储氢罐			压缩机（间）、加氢机	放空管口
		一级	二级	三级		
重要公共建筑		50	50	50	35	50
明火或散发火花地点		40	35	30	20	30
民用建筑物保护类别	一类保护物	35	30	25	20	25
	二类保护物	30	25	20	14	20
	三类保护物	30	25	20	12	20
生产厂房、库房耐火等级	一、二级	25	20	15	12	25
	三级	30	25	20	14	
	四级	35	30	25	16	
甲类物品仓库；甲、乙、丙类液体储罐；可燃材料堆场		35	30	25	18	25
室外变配电站		35	30	25	18	30
铁路		25	25	25	22	30
城市道路	快速路、主干路	15	15	15	6	15
	次干路、支路	10	10	10	5	10
架空通信线路		不应跨越，且不得小于杆高的 1.0 倍				
架空电力线路		不应跨越，且不得小于杆高的 1.5 倍				

注：摘自《加氢站技术规范》（GB 50516—2010（2021 版））之表 4.0.4A。

合建站除加氢设备外，还要考虑加油和加气设备，此类非氢设施的安全间距参照执行《汽车加油加气加氢站技术标准》（GB 50156—2021）。

表 3-13　加油加气设备的部分安全间距摘录　　　　（单位：m）

项目类型	重要公建	一般建筑	城市干道	架空电线	备注
加油设施	35	17.5	7	1.5 倍杆高	
加气设施	80	35	12	1.5 倍杆高	按 LNG

注：表列数据按最不利的一级合建站考虑。

表 3-13 中的安全间距控制要求还可实现可视化表达，如图 3-3 所示。

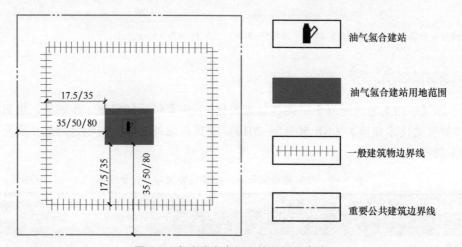

图 3-3　合建站安全间距的可视化表达

如果站内另设有充电设施，还要参照 GB 50966—2014《电动汽车充电站设计规范》的相关涉及要求。

充电站的安全间距需要考虑站内各类建构筑物的防火等级，并按照 GB 50016—2014《建筑设计防火规范》进行控制，详见表 3-14。

表 3-14　充电站设施的安全间距控制要求

供电方式（大中型站：变压器，小型站：低压）		防火等级	与易燃气体储罐距离/m	
室外变配电设施	变压器	干式	丙类	30	25
		油浸式	丁类	30	25
	低压（<10kV）		戊类	30	25

注：1. 摘自《电动汽车充电站设计规范》（GB 50966—2014）之表 3.2.4。
　　2. 液氢按甲类液体储罐（<50m³，3500kg），摘自《建筑设计防火规范》（GB 50016—2014）之表 4.2.1。
　　3. 气氢按可燃气体储罐（<10000Nm³，890kg），摘自《建筑设计防火规范》（GB 50016—2014）之表 4.3.1。

站内的各类变配及用电设备还要按照《爆炸危险环境电力装置设计规范》（GB 50058—2014）的要求与易燃易爆设施控制防爆距离（2 区为例，一般室外要求水平 4.5m 及垂直 7.5m）。若置于防爆区域之内，则必须采用防爆类电器。

鉴于氢气的高渗透性，加氢站的防爆电器形式宜优先采用本安型，若达不到本质安全要求，可采用隔爆型，但如采用其余较弱的防爆保护形式，建议开展额外的安全论证。

3.3 加氢站平面布置要求

3.3.1 站内设施安全距离的控制要求

1. 纯氢站

加氢站的工艺设施包括长管拖车、储氢瓶（或罐）、压缩机、加氢机、卸气柱和放空管等，站内建构筑物有营业和站控用房、罩棚和围墙等，公用配套设施包括变配电设备（或房间）和给排水设备（或泵房）。

《加氢站技术规范》（GB 50516—2010）对纯氢站内设施的最小安全间距规定见表 3-15。

表 3-15　纯氢站的站内设施最小安全间距　　　　　（单位：m）

设施名称		储氢罐			制氢设施	放空管口	压缩机	调压阀组	加氢机	站房	消防泵房和取水口	其他建构筑物	热火炉间燃气厨房	变配电间	道路	站区围墙
		一级	二级	三级												
储氢罐	一级				15.0	9.0	5.0	10.0	10.0	30.0	12.0	14.0	12.0		5.0	5.0
	二级				10.0	9.0	5.0	8.0	8.0	20.0	12.0	12.0	10.0		4.0	5.0
	三级				8.0		5.0	6.0	8.0	20.0	12.0	12.0	12.0		3.0	5.0
制氢间							9.0	9.0	4.0	15.0	15.0	15.0	14.0	12.0	5.0	3.0
放空管口									6.0	5.0	6.0	10.0	14.0	6.0	4.0	5.0
压缩机								4.0	4.0	5.0	8.0	10.0	12.0	6.0	2.0	2.0
调压阀									6.0	5.0	8.0	8.0	12.0	6.0	2.0	2.0
加氢机										5.0	6.0	8.0	12.0	6.0		
站房												6.0				
消防泵房和取水口												6.0				
其他建构筑物													5.0			
热火炉间燃气厨房														5.0		
变配电间																
道路																
站区围墙																

注：摘自《加氢站技术规范》（GB 50516—2010）之表 5.0.1A。

2. 合建站

合建站的站内设施更多，除加氢工艺外还包括加油（汽油或柴油）和加气（LNG 或 CNG），省略重复项，《汽车加油加气加氢站技术标准》（GB 50156—2021）的规定见表 3-16。

表 3-16　合建站的站内设施最小安全间距　　　　　　　　　（单位：m）

设施名称	储氢容器	储氢井	液氢储罐	氢放空口	压缩机	加氢机	氢冷却器	液氢泵	液氢汽化装置	液氢卸车点	氢卸气柱	消防泵房和取水口
储氢容器		2	4			6		6	3	6		10
储氢井	2	1	4	-		4		4		4		10
液氢储罐	4	4	2		4	4			3	2		15
放空管口						6				3	6	15
压缩机			4			4			3	2		15
氢卸气柱				6		-						6
加氢机	6	4	4	6	4	-		6	5	6		6
氢冷却器												6
汽油罐	3	3	10	6	9	6	6	6	5	6	6	10
柴油罐	3	3	5	3	5	3	3	3	3	3	3	5
加油机	6	6	8	6	9	6	6	6	6	6	6	10
卸油点	8	6	8	6	6	4	4	6	6	6	4	10
CNG 储罐	5	4	8		3	6	6	6	6	6	6	15
CNG 压缩机	9	6	6	6	9	4	4	6	6	3	4	15
LNG 储罐	8	6	8		9	10	10	8	6	8	10	15
加气机	8	6	8	6	4	4	4	6	5	6	4	6
LNG 卸车点	8	6	8	6	6	6	6	8	6	8	4	15
站房	8	6	8	6	5	5	5	6	8	8	8	
燃气设备间	14	14	20	14	12	12	12	8	8	12	12	6
围墙	4.5	4.5	7.5	4.5	4.5	4.5	4.5	7.5	7.5	7.5	4.5	

注：摘自《汽车加油加气加氢站技术标准》（GB 50156—2021）之表 5.0.14。

对比表 3-15 和表 3-16 发现，两者的数据控制要求有一定区别，主要归纳如下：

1）合建站包括加油和加气设施，与加氢设施有专门的安全间距要求。

2）合建站考虑站内设施众多，布置要求更加紧凑，对应的安全间距多数有所收紧；如消防设施与工艺设施的距离，储氢容器与氢压缩机的距离等。

3）合建站的储氢设施不区分建站等级，但细分为储氢容器（地上固定式容器）、储氢井（地下竖井）和液氢，三者的安全间距要求不同；而纯氢站仅区分建站等级。

4）合建站对液氢加注工艺的要求更为细化，细分为液氢罐、液氢泵及其汽化器。

3. 电气设施的防爆距离

加氢站的涉氢工艺设施需要划分爆炸危险区域，区域内的各类用电设备（压缩机、泵和风机、照明等）均应按防爆电器选型，区域外可采用非防爆的常规电气设施。

根据我国规范，爆炸性气体的防爆区域分为三个区域——0 区、1 区和 2 区。0 区是连续出现或长期出现爆炸性气体混合物的环境，1 区是在正常运行时可能出现爆炸性气体混合物的环境，2 区是在正常运行时不可能出现爆炸性气体混合物或偶尔出现并短时间出现的环境；我国氢的气体防爆组别为 IIC 类，位于相应防爆区域内的电气设备都要符合相应的防爆等级要求。

需要掌握的是，国外标准的防爆标识与国内有差别，如美国标准 NEC 500 的防爆区域仅有两个区域——Division1 和 Division2，其气体防爆组别为 GROUP-B，这在选用进口设备时需要额外注意。

关于加氢站防爆分区划分和画法要求，有兴趣的读者可以参阅《加氢站技术规范》（GB 50516—2010）附录 A 的相关附图。

3.3.2　改扩建合建站的平面布置做法

伴随着我国车用能源领域的发展过渡需要，合建站除新建外，更多将利用现有的加油或加气设施，实施设施改造或扩大规模，最终形成油氢、气氢或油气氢的合建站形式，对原有加油（或气）站增设加氢功能的改扩建合建站而言，其受制于场地，平面布置通常有两种做法[4]，一是在用于洗车或停车的原空闲区域增设加氢设施，加氢区与原油气设施独立，此种做法适用于小型油气站，增设加氢后也不影响原先的设站等级；二是在空闲区域布置加氢设施之外，仍利用原罩棚的加油（或气）机位，部分替换为加氢机，并修筑管沟连通加氢区与加氢机，此种做法适用于大中型油气站，增设加氢后为不超过原先的设站等级，必须移除部分原有的油（或气）加注规模，具体如图 3-4 所示。

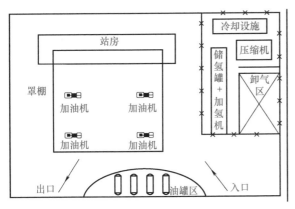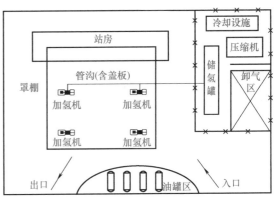

图 3-4　现有加油（气）站改扩建加氢的两种平面布置做法

3.3.3　其他设施的平面布置要求

本节对储氢、围墙、道路和消防设施等设施的平面布置要求进行描述：

1. 储氢

移动储氢设施（包括氢气长管拖车、管束式集装箱）的卸气端应设防火墙（耐火不低于 4h），固定储氢设施宜设防火墙；防火墙的高度不得低于储氢设施，长度不应小于 0.5～1.5 倍拖车和集装箱车位数之后与单个车位宽度的乘积；该防火墙也可作为站区围墙的一部分。

2. 围墙

加氢站的工艺设施与站外建构筑物之间的距离不大于所控安全距离的 1.5 倍，且不大于 25m 时，相邻一侧应设施不低于 2.5m 的不燃烧实体围墙；反之，相邻一侧可设置非实体镂空围墙；面向进、出口道路的一侧宜开放或部分设置非实体围墙。

3. 道路

1）单车道宽度不小于 3.5m，双车道不小于 6m。

2）道路转弯半径按站内行驶车型确定，且不小于 9m。

3）道路最大坡度为 6%，停车位不宜设坡。

4）站内各区域间应有完整和贯通的人员通道，通道宽度不宜小于 1.5m。

4. 给水和消防

加氢站的给水方案要根据站址实地情况进行选择，道路沿线有供水管网的，优先采用管道供水，没有供水管网条件的郊野地区，可采用建设室外水箱和室内泵房的方式。

加氢工艺设施（尤其是储氢容器）距离消防水源（或取水口）的距离符合规范要求，其中纯氢站根据建站等级为 20～30m，合建站有所缩减，为 10～15m。

3.4　加氢站工程建设要求

本节根据加氢站工程建设的要求综合了《加氢站技术规范》（GB 50516—2010）和《汽车加油加气加氢站技术标准》（GB 50156—2021）两者的共性内容。本节主要介绍了加氢站的通用工艺要求，鉴于液氢技术要求多且特殊，作独立展开；其次，补充介绍了加氢站的各类公用工程的建设要求。

3.4.1　加氢的通用工艺要求

1. 氢质量

1）用于质子膜氢燃料电池汽车的氢气质量应符合 GB/T 37244—2018《质子交换膜燃料电池汽车用燃料 氢气》的要求，纯度不得低于 99.97%（质量分数），硫、甲醛、甲醚、一氧化碳等杂质均有严格的限量要求。而用于其他动力形式（内燃机、高温燃料电池等）的氢气则应符合各自的技术质量要求。

目前的加氢站主要采用长管拖车外供氢的方式，氢源主要来自于化工厂的副产氢，鉴于上游化工的原料及流程各不相同，氢源所含的各类杂质差异性较大，故站内有条件时可设在线气质检测装置，或定期取样送检，以保障车用氢质量。

2）当氢源达不到车用质量标准时，应在压缩机前设纯化装置，纯化工艺可选择变压吸附技术或金属钯膜分离技术，前者适用于大中型站，后者适用于小型站。

2. 氢计量

1）氢源进站计量应符合：采用长管拖车站外供氢时可按储气容积、压力、温度及压缩因子按公式计算，但考虑到数字化运行采集的需要，有条件时宜增设流量计；采用输氢管道供氢时应采用流量计（宜选择质量式）；液氢供氢时可按液位计量（宜选择电容式）。

2）加氢机的计量宜采用质量流量计，计量精度不宜低于 1.5 级，最小分度值宜为 10g。

3. 氢气卸车设施

1）当采用长管拖车站外供氢时，长管拖车或集装格的额定储氢压力不应超过 20MPa。

2）站内设有用于运输车辆卸气作业的固定停车位，停车位配限位装置和静电接地；合建站的停车位不宜超过 2 个。

3）卸气柱与运输车辆（一般为长管拖车或集装格运输车）相连的管道上应设置拉断阀及防甩脱装置，拉断阀分离拉力范围为 600~900N。

4）氢卸气柱应设泄放阀、紧急切断阀、就地和远传压力表。

5）卸气管道上应设置固体杂质过滤器（<10μm）。

4. 氢气压缩设施

1）氢气压缩机可根据实际运行需求合理选用压缩机。主要有两种，隔膜式或液压驱动式。前者运行时氢气介质与压缩工质分离，能保证氢纯度，且运行较节能，但不宜频繁启停；后者造价较低，可启停迅速，但维护周期要求更高。

2）压缩机宜设置备用，压缩机前应设缓冲罐，缓冲罐容积符合压缩机安全启停的需要。

3）压缩机的进出口与首道切断阀之间，应设全启式安全阀。

4）压缩机应设氢压力、油压力、油温度、冷却液温度等多参数的报警或停机保护装置。

5）室内放置的压缩机组宜布置成单排，压缩机通道间的宽度不小于 1.5m，与墙距离不小于 1.0m。

5. 氢气储存设施

1）当充氢压力为 35MPa 时，储氢工作压力不宜大于 45MPa；当充氢压力为 70MPa 时，储氢工作压力不宜大于 90MPa。

2）加氢站内储氢宜采用高压气态或液氢储存方式，储存设施宜选用固定式；合建站可选用储氢井，单个容器井的水容积不大于 5m³。

3）储氢温度应在 -40~85℃之间；储氢压力宜按 2~3 级分别设置，以提高系统的整体充装效率。

4）储氢容器与车辆通道相邻时，两者相邻侧应设置防止车辆物理撞击的防护装置。

6. 氢气加注设施

1）加氢机应设置在室外或通风良好的箱柜内。

2）加氢机应具有充装、计量和控制功能，加注结束后，车载容器内温度不超过85℃，压力不超过1.25倍额定工作压力（35/70MPa）。

3）加氢机的进口管道上应设置自动切断阀，当车载容器达到压力上限时，自动联锁实现关闭，切断上游氢源。

4）加氢机应设置脱枪保护和静电接地装置。

5）加氢机加注枪的口径按车型有所区别，轻型车采用TK16，中重型车采用TK25，两者除口径外，加注协议也有区别，不得混用。

6）35MPa和70MPa加注枪不得混用，加注枪应有本质的物理防错接设计。

7. 管道及附件

1）氢气管道材料宜选用奥氏体的镍铬钼类低碳不锈钢（316L，牌号为S31603），镍含量不低于12%（质量分数），镍当量不低于28.5%；合建站进一步要求采用316/316L双牌号钢，即材料强度符合316，但材料金相符合316L。

2）站内所有的管道、阀门、管件的设计压力不小于最大工作压力的1.1倍。

3）放空总管应垂直向上，管口高出全站最高点不小于2m（合建站为放空竖管的12m半径内，两者有所区别），且高出所在地面要求5m以上（考虑氢易散性，按经验一般设置为10m），管径不宜小于DN80，设计压力不小于1.6MPa。

4）氢气管道宜采用地上支架的架空布置，与管道与车行通道相交时，为避让车道，可采用管沟敷设，但采用明沟敷设时不得与除氮气外的其他管线共沟，冷冻液管线和电力排管可直埋或另沟敷设；不同管线穿越管沟时也应做好防火的物理隔断。

8. 工艺部分的差异性条款

两本加氢站设计规范对于工艺部分的相关要求有部分差异，见表3-17。

表3-17 工艺部分的差异性条款对照表

GB 50516—2010《加氢站技术规程》：纯氢站		GB 50156—2021《汽车加油加气加氢技术标准》：合建站	
条款号	条款描述	条款号	条款描述
1.0.2	适用于纯氢站建设	1.0.2	适用于合建站建设
5.0.1A	储氢容器分三级，与压缩机安全间距不小于9m	5.0.14	取消了储氢容器分级和压缩机间距要求，适于合建站建站紧凑原则
3.0.3	要求长管拖车作为站内储氢设施固定使用时应设置固定措施，容量要计入总容量中	10.2.1	要求拖车位数量不宜超过2个，并配备限位装置
3.0.2A	要求三级站的单罐储氢容积不大于800kg	10.4.1	要求单罐储氢容器的水容积不大于5m³
6.1.3	对于进站氢气管道计量做出要求	10.5.2	对于加氢机的计量做出要求
6.5.4	放空总管要求高出站内全部设施最高点2m以上	10.6.5	放空总管要求高出以管中心的半径12m范围内建筑物顶或平台2m以上
6.5.1A	明确氢气管道用316不锈钢管道的镍含量和镍当量要求	10.6.1	明确氢气管道用316不锈钢的镍含量和双牌号钢要求

（续）

GB 50516—2010《加氢站技术规程》：纯氢站		GB 50156—2021《汽车加油加气加氢技术标准》：合建站	
条款号	条款描述	条款号	条款描述
6.3.5	规定站用氮气纯度不低于 99.2%（质量分数）	10.7.6	规定站用氮气纯度不低于 99.5%（质量分数）
5.0.7	对于卸气柱端进行了增设防火墙的要求	10.7.15	对于合建站中加氢工艺与其余不同加注区及站房之间，要求设置钢筋混凝土实体防护墙或厚度不小于 6mm 且支持牢固的钢板
12.3.6	无相关要求	15.2.5	设计压力大于或等于 10MPa 的管子和管件，外表面进行额外的无损检验（渗透或磁粉）
12.3.10	无相关要求	15.6.13	压力试验后进行气体泄漏性试验，试验压力为设计压力 1.05 倍，保压 10min

3.4.2　液氢的特殊工艺要求

液氢工艺与常规大多数的高压气氢工艺的差别较大，故单独作为一节介绍。

1. 液氢储存设施

1）液氢储罐的内容器最低设计金属温度不应高于-253℃，工作压力范围宜为 0.10~0.98MPa。

2）液氢储罐的绝热形式应采用高真空多层缠绕形式，容器夹层不得有法兰或螺纹连接接头或膨胀节。

3）液氢内容器应设置全启式安全阀（至少 2 组，1 用 1 备），安全阀整定压力不大于 1.08MPa，最大泄放压力为整定压力的 1.1 倍；外容器应设置超压泄放装置（一般为安全阀或爆破片），开启压力不超过外容器的设计压力，爆破片爆破时不允许有碎片；安全阀和爆破片串联使用时，两者间的管段应设置压力表、排气口及报警指示装置。

4）液氢储罐的液相进出口管道应设置远程控制的紧急切断阀（ESD），紧急切断阀与储罐之间的管道应采用焊接。

5）液氢储罐应设置可在中控室或现场分别指示的压力和液位仪表。当压力达到 0.95 倍设计压力时，应在中控室发出超压报警信号；当液位高高报警时，应联锁切断进液管道的紧急切断阀，若液位低位报警时，也宜与出液管道的切断阀联动。

6）储罐基础的耐火极限不低于 3h，储罐制作的耐火极限不低于 2h。

2. 液氢泵

1）液氢增压泵的设置应满足泵厂家的吸入压头要求。

2）泵的进、出液管道应采用防振设计，宜设置振动监测装置。

3）泵的出液管道应设置止回阀和全启式安全阀

4）泵的仪控要求：出液管道上应设置压力仪表，并在中控室和现场分别指示，压力超限时应联锁停泵；泵设备应设置温度仪表，并在中控室和现场分别指示，温度超限时应报警。

3. 汽化器

1）汽化器的设计选型应符合当地冬季气温条件，应按最不利工况考虑。

2）汽化器的设计压力不小于最大工作压力的 1.2 倍。

3）汽化器出口的气体温度应满足高压储氢设施的使用温度要求（不低于-40℃）。

4）汽化器出口应设置压力和温度仪表，并分别在中控室和现场指示；压力和温度超限后，应与液氢泵停泵实现联锁。

4. 液氢卸车设施

1）液氢罐车或罐箱应采用压差输送的卸车工艺或采用泵卸车工艺，卸车时应尽量减少氢气排空。

2）连接液氢罐车的卸车液相管道应设置切断阀和止回阀，连通的气相管道应设置切断阀。

3）输送液氢的阀门、软管和快速接头应采用真空绝热结构。

4）快速接头应有良好的密封结构，并带有防尘盖。

5）液氢卸车软管的额定压力不得小于工作压力的 2 倍，最小爆破压力不小于额定压力的 4 倍。

6）液氢管道应设置吹扫置换系统，卸车软管和装卸接头在装配前后均应进行充分的吹扫置换，吹扫置换气为高纯氮气（≥99.5%）。

7）液氢卸车优先采用液氢泵和高压汽化器方式，也可采用低压汽化器和氢气压缩机方式。

5. 低温管道及管件

1）管道系统的设计压力不小于最大工作压力的 1.1 倍，且不小于所连接设备（含容器）的设计压力及其内载工质的静压头之和。

2）管道及管件应采用奥氏体不锈钢，并应进行低温冲击实验。

3）液氢管道之间应采用焊接，或采用特制的卡套或真空法兰连接。

4）两端封闭且可能存留液氢的管道，应设置安全阀等泄压装置，泄放压力不高于管道的设计压力，泄放气体应接入站内的整体放空系统。

5）运行过程中可能结霜的低温管道应与常温管道或构件保持不小于 300mm 的间距。

6）低温介质周边（阀门等）可能产生冷凝水滴落的位置下方应设置滴液盘。

7）远程控制的阀门均应具有现场手动操作功能。

6. 放空系统

1）液氢储罐和管道的放空管应与高压气氢的放空管分开设置。

2）放空管道（自设备放空口至放散竖管出口）的压力降不大于 0.1MPa。

3）液氢放空管的高度和设计压力设置要求同气氢。

4）规范外还补充一点设计经验：鉴于液氢系统的放散温度相较于常温气氢更低，更易聚集于地面，故有条件时放散竖管高度可酌情增加，或掺入惰性气体（如氮气）进行混合，起到复温和降低爆炸危险性的双重作用。

关于液氢的其余未详尽内容有兴趣的可查阅 GB 50156—2021《汽车加油加气加氢站技术标准》第 11 章——"液氢储存工艺及设施"。

3.4.3　制氢的特殊工艺要求

站内实现清洁能源制氢、与国家双碳目标协同将是未来包括加氢站在内的氢能产业发展的必然趋势，加氢站设计规范虽提及有站内制氢间的内容，但仅限于描述安全距离，制氢工艺还主要参照 GB 50177—2020《氢气站设计规范》[5]。

制氢方式主要有以天然气为代表的化石能源重整制氢和可再生能源发电的电解水制氢。其中的电解水制氢可参考 GB/T 37562—2019《压力型水电解制氢系统技术条件》，而天然气制氢目前尚无专用规范，对站内推广应用有一定制约。

1.《氢气站设计规范》要求

1）制氢系统的类型应根据用气规模、用户对氢气纯度及其杂质含量、压力要求、站内用氢特性（负荷变化、连续性等）等因素经技术经济性比选后确定。

2）水电解制氢系统应设置压力调节装置，维持电解槽出口的氢和氧之间的压力差（不大于 0.5kPa）。

3）每套水电解制氢装置的氢出气管与氢总管之间、氧出气管与氧总管之间，应设放空管、切断阀和取样口。

4）水电解制氢系统制取的氧气可根据需要进行回收或直排入大气。当回收氧气时，必须设置氧中氢自动分析仪器及氢超浓度报警；当直排大气时，应采取措施保持氧和氢之间的压力平衡（仅针对碱性）。

5）水电解制氢装置的装置水处理生产能力不应小于 4h 水耗量，原料水的储水容积不应小于 8h 水耗量。

6）变压吸附提纯氢系统的吸附器组的容量和数量，应根据原料气的压力和组分、产品氢的压力和纯度、用氢的负荷和连续性和氢回收率等因素经技术经济性比选后确定。

7）变压吸附提纯氢系统包括原料气预处理设施、吸附器组及其程控阀、氢的精制、原料气和解析气的缓冲罐、解析气回收利用系统和各类气的增压设施。

8）甲醇制氢系统应根据产品氢的耗量和用氢特点、产品氢的纯度、氢回收率、甲醇现场储运条件等因素经技术经济性比选后确定。

9）甲醇制氢系统：包括原料及除盐水储存和输送装置、甲醇转化反应器及其辅助加热装置、变压吸附提纯氢装置。

10）天然气制氢与甲醇类似，也包括转化反应器、辅助加热和提纯氢装置，但还要前置增设天然气硫、水分和汞等预处理净化单元。

11）制氢系统应设置含氧量小于 0.5%（体积分数）的氮气吹扫置换设施。

12）制氢系统的氢气管道及管件要求

制氢系统与加氢站高压气态的工作压力不同，前者更低，一般为 1.0~4.0MPa，但鉴于氢气的高危性，其管道设计除参照 GB 50316—2008《工业金属管道设计规范》外，还要严格执行 GB 50177—2020《氢气站设计规范》第 12 章——"氢气管道"。

制氢系统的氢气管道必须采用无缝钢管，不得采用焊接钢管；氢气管道的连接，应采用焊接，但与设备、阀门的连接可采用法兰或锥管螺纹连接。

制氢系统的氢气管道允许使用碳素钢管道，但对管内气体流速有所限制，设计压力越高，流速要求越低，原因是防摩擦静电导致火花，如表 3-18 所示。

表 3-18　氢气管道的最大流速要求

管道材质	设计压力/MPa	最大流速/(m/s)
普通碳素钢管	>3.0	10
	0.1~3.0	15
	<0.1	按允许压力降确定
奥氏体镍铬不锈钢管	0.1~3.0	25

注：摘自《氢气站设计规范》（GB 50177—2020）之表 12.0.1。

氢气管道的阀门应采用球阀和截止阀，阀门材料应符合表 3-19。

表 3-19　氢气阀门材料要求

设计压力/MPa	阀门材料要求
>2.5	阀体、阀杆、密封面均采用不锈钢
0.1~2.5	阀杆采用碳素钢 阀体采用铸钢 密封面采用合金钢或铸钢
<0.1	阀杆不作要求 阀体采用铸钢 密封面采用合金钢或铸钢

注：1. 摘自《氢气站设计规范》（GB 50177—2020）之表 12.0.3。
　　2. 阀门的密封填料应采用聚四氟乙烯（PTFE）。

氢气管道的法兰和垫片结构的选择应符合表 3-20。

表 3-20　氢气管道的法兰和垫片结构要求

设计压力/MPa	法兰结构	垫片结构
>10.0	凹凸面或梯形式	二号硬钢纸、退火纯铜板
2.5~10.0	凹凸面或榫槽式	金属缠绕式垫片
<2.5	突面式	聚四氟乙烯垫片

注：摘自《氢气站设计规范》（GB 50177—2020）之表 12.0.4。

2.《压力型水电解制氢系统技术条件》要求

1）压力型水电解制氢系统分为碱性和 PEM（Proton Exchange Membrane），前者采用液态的碱性水溶液作为电解质，后者采用固态的质子交换膜。

2）各类水质要求。水电解制氢系统的各类水质应至少分别满足表 3-21～表 3-23 的各项要求。

表中数据对比可见，PEM 对原料水的水质要求大大严格于碱性，因此针对同一供水源，PEM 水电解制氢系统的水处理装置要求高于碱性（如电导率）；此外，由于 PEM 系统采用膜电解质，也就没有碱性系统电解液的水质控制要求。

表 3-21　碱性水电解制氢系统的原料水品质要求

名称	单位	指标
电导率（25℃）	mS/m	≤1
铁离子含量	mg/L	<1.0
氯离子含量	mg/L	<2.0
悬浮物	mg/L	<1.0

注：摘自《压力型水电解制氢系统技术条件》（GB 37562—2019）之表 1。

表 3-22　碱性水电解制氢系统的电解液品质要求

名称	单位	指标
浓度	%	$27 \sim 32^2$
CO_3^{2-} 含量	mg/L	<100
铁离子含量	mg/L	<3.0
氯离子含量	mg/L	<800

注：1. 摘自《压力型水电解制氢系统技术条件》（GB 37562—2019）之表 2。
　　2. 此浓度为采用氢氧化钾（KOH）水溶液。

表 3-23　PEM 水电解制氢系统的水质控制要求

名称	单位	指标
电导率（25℃）	mS/m	≤0.10
可氧化物含量（以 O 计）	mg/L	≤0.08
吸光度（254nm，1cm 光程）	/	≤0.01
蒸发残渣（105±2）℃	mg/L	≤1.0
可溶性硅（以 SiO_2 计）	mg/L	≤0.02

注：摘自《压力型水电解制氢系统技术条件》（GB 37562—2019）之表 3。

　　3）电解槽箱体内的电气隔间应始终相对环境大气保持不小于 5Pa 的正压，并应根据箱体内部正压值、箱体体积等确定排气量。

　　4）电气隔间与制氢隔间之间应采用无孔、洞的隔板分开，当必须要穿孔时，应在箱体底部开孔。

　　5）水电解制氢系统的氢气排空口前，应设置阻火器，阻火器结构宜采用波纹型，阻火器后的氢气管道应采用不锈钢材料。

3.4.4 建筑和结构要求

1. 建筑要求

1）站内建筑的使用性质应符合当地城市规划部门所确定的用地性质。

2）站址基地应与市政道路的红线或内部道路的边线相邻接，站内单车道路宽度不应小于4m，双车道路宽度不应小于7m。道路转弯半径符合站内运营车辆及消防车辆的使用要求。

3）场地高程：应符合城市规划确定的控制标高，并与相邻用地标高相协调，不妨碍相邻各方的排水；内部最低处宜高于相邻市政道路的最低高程，否则应有排除地面水的措施。

4）加氢站建筑与相邻用地之间应按建筑防火规范等要求留出空间。

5）加氢站用房可由办公室、值班室、营业室、控制室、仪表间、变配电间、卫生间和对外用房（如便利店）等组成；站内不得设置营业类餐饮娱乐设施，但可设置非明火的内部员工使用的餐厨设施。

6）站内建筑物宜为单层建筑，耐火等级不低于二级；建筑层高应结合使用功能、工艺要求和技术经济条件综合确定，并符合专用建筑设计规范的要求。

7）当涉氢类房间的跨度大于9m时，宜设天窗，天然气、排气孔应位于最高处。

8）有爆炸危险的房间或构筑物的上部空间，应通风良好，顶部表面平整，无可能聚集气的死角。

9）有爆炸危险房间应设置泄压设施。泄压设施宜采用非燃烧体轻质屋盖作为泄压面积，易于泄压的门、窗、轻质墙体也可作为泄压面积；泄压面积不得小于建筑面积的10%；泄压口应避开人员密集场所和主要通道，并宜靠近有爆炸危险的部位。

10）站内建筑的门窗均向外开启，爆炸危险房间的门窗及地面均采用不发火材料。

11）站房可设在站外民用建筑物内或与站外民用建筑物合建，但应符合下列规定：站房与民用建筑物之间不得有连接通道；站房应单独开设通向加氢站的出入口；民用建筑物不得有直接通向加氢站的出入口。

12）站内的锅炉房、厨房等有明火设备的房间与工艺设备用房之间的距离符合规范要求，但不大于25m时，朝向作业区的外墙应为无门窗洞口且耐火极限不低于3h的实体墙。

13）压缩机间：当压缩机室内布置时，压缩机间宜采用敞开或半敞开式建筑；当压缩机间与值班室、办公室或仪表控制间相邻时，后者的门窗应位于爆炸危险区域外，且与压缩机间采用无洞口的防火墙。

14）制氢间的屋架下弦的高度，应满足设备安装和排热的要求，且不低于5m。

15）加氢罩棚应采用不燃材料，内表面应平整，坡向外侧，不得聚气；罩棚净空高度不应小于4.5m。

16）加氢岛应高出停车位地坪0.15~0.20m，加氢岛两端的宽度不小于1.2m，加氢岛上的罩棚立柱边缘距离岛端部不小于0.6m。

17）加氢工艺区（除加氢机）与应设置防止社会人员进入的物理隔离区（如钢丝网），

工艺区内通道除满足设备运维外，还要满足人员疏散需要，通道宽度不应小于 1.5m，并具有两个出入口。

18）针对纯氢站，当储氢容器与压缩机、气阀组和变配电设施之间的安全距离不能满足时，可采用钢筋混凝土防火墙隔开；针对合建站，涉氢工艺设施与站内其他加注设施和站房之间应设置实体防护墙或钢板。

19）站内绿化：不得设置易遮蔽视线的高大绿植和油脂类植物。

20）项目有条件时，建议能参照 GB 50378—2019《绿色建筑评价标准》的相关要求，围绕节地、节能、节水、节材、室内环境质量（IAQ）和运营管理等 6 个方面采取相应的建筑措施。

2. 结构要求

1）加氢站建构筑物应根据当地抗震设防类别、设计地震动参数、场地条件、建筑结构类型和使用要求，确定合理的结构方案。

2）在设计使用年限内（一般为 50 年），结构和结构构件在正常维护条件下应能保持其使用功能，不需要进行大修加固；原有结构未经技术鉴定或设计许可，不得改变结构的用途和使用环境。

3）场地基础应根据当地地质条件、建筑物规模进行基础埋设深度、承载力、变形和稳定性的地基计算，合理选用各类基础形式（条形、筏板型、桩基础等）。

4）站房宜采用钢筋混凝土框架结构，人员出入口避免直面工艺区。

5）当采用混凝土结构时，如遇到特殊环境类别（如冻融、海边盐雾、化工腐蚀环境），要参照 GB 50476—2019《混凝土结构耐久性设计标准》相关要求进行针对性设计。

6）当采用钢结构时（如加氢罩棚），应根据结构破坏可能产生的后果，采用不同的安全等级，一般工民建的安全等级应取为二级。

7）当采用砌体结构时（如站房），应按承载能力极限状态设计，并满足正常使用极限状态的要求。

8）当采用组合结构时，应满足 GB 55004—2021《组合结构通用规范》的相关要求。

9）加氢罩棚的立柱应有防止车辆物理破坏的防撞技术措施。

10）加氢机应设防止车辆误碰撞的措施和警示标识。当采用钢管防撞柱（栏）时，钢管直径不小于 100mm，高度不小于 0.5m。

3.4.5　给排水和消防要求

1. 给排水要求

1）加氢站的生产用水（如水电解制氢），若中断供氢将造成较大损失的，可采用双路供水。

2）站内的生产和生活给水管道，宜与消防给水管道合并设置。

3）站内的循环冷却水系统宜采用闭式，供水压力以为 0.15～0.35MPa，并设置断水保护装置。

冷却水的基本水质要求如表 3-24 所示。

表 3-24　循环冷却水的水质

名称	单位	指标
pH（25℃）	—	6.5~8.0
氯离子含量	mg/L	<200
硫酸根含量	mg/L	<200
钙离子含量	mg/L	<200
铁离子含量	mg/L	<1.0
铵离子含量	mg/L	<1.0
溶解硅酸含量	mg/L	<50

注：摘自《压力型水电解制氢系统技术条件》（GB 37562—2019）之表4。

4）站内的冷却水排水，宜设置水流观察装置或排水漏斗。

5）站内排出的废液应符合国家标准 GB 8978—2002《污水综合排放标准》的规定。

2. 消防要求

1）站内应设置消火栓给水系统。

2）工艺装置区、有爆炸危险房间、电器仪表设备间，应根据规模和具体情况配置干粉灭火器。

3）每2台加氢机应配置不少于1具8kg或2具5kg手提式灭火器；压缩机间按建筑面积每50m² 配置1具8kg手提式灭火器，总数不少于2具；灭火器采用干粉。

4）消防给水系统的用水量计算执行 GB 50974—2014《消防给水及消火栓系统技术规范》，消防水量为满足一次最大的火灾延续时间和消火栓用水量的乘积。

火灾延续时间分可燃气体和可燃液态，气态氢按可燃气体储罐，为3h，液态氢按甲类可燃液体储罐，为6h。

室外消火栓用水量一般为15L/s（这里的一般定义为可燃气体容积不超过10000m³，可燃液体容积不超过5000m³，且储罐均为地上布置），水枪出口水压不小于0.2MPa。若储罐容量超出限制值或采用半地下或地下布置，气态氢和液态氢的消火栓用水量可分别根据 GB 50974—2014 的3.4.2-3 和3.4.12 进行调增。

需指出，上述水量计算的可燃气体容积为标准气体体积，是几何容积和绝对工作压力的乘积，以常见的三级加氢站配置来说，一辆移动式20MPa长管拖车储氢量约280kg，而2套固定式35MPa储氢瓶组（15支）水容积15m³，储氢量为360kg，站内总储氢量为740kg，按氢气标准大气压密度 0.089kg/m³ 计算，该站的可燃气体容积为8314m³，小于10000m³，故其室外消火栓用水量可按15L/s取值。但随着加氢站的站内储氢规模或等级的提升，储氢量对应的可燃气体容积大于10000m³ 时，室外消火栓用水量应取20L/s（10000~50000m³），如表3-25 所示。

5）不具备市政供水条件的合建站可自建消防储水罐，并配套消防泵房。但水罐的储水容积不宜小于30m³，消防泵若大功率配电有困难，也可考虑采用柴油泵。

表 3-25　室外消火栓用水量与气态加氢站储氢量的关系表

序号	建站等级	高压气态储氢量 G/kg	室外消火栓用水量/(L/s)
1	一级站	$5000 \leqslant G \leqslant 8000$	25
2	二级站	$4450 < G < 5000$	25
3	二级站	$3000 < G \leqslant 4450$	20
4	三级站	$890 < G \leqslant 3000$	20
5	三级站	$\leqslant 890$	15

注：加氢站的液氢储罐容积不可能超过 5000m^3，故均可取 15L/s。

3.4.6　电气装置要求

1. 通用要求

1）加氢站的供电，按现行国家标准 GB 50052—2009《供配电系统设计规范》规定的负荷分级，除中断供氢将造成较大损失者外，宜为三级负荷。

2）当引用外电源有困难时，站内可设置小型内燃发电机组，内燃机排烟管设阻火器。

2. 防爆要求

1）有爆炸危险环境的电气设计和电气设备、线路接地，应按现行 GB 50058—2014《爆炸和火灾危险环境电力装置设计规范》的规定执行。

2）氢气爆炸危险房间或区域内的电气设施选型，不应低于氢气爆炸混合物的级别和组别（ⅡC T1）。

3）有爆炸危险环境内的电缆及导线敷设，应符合现行 GB 50217—2018《电力工程电缆设计规范》的规定。

3. 照明要求

1）氢气爆炸危险环境内的照明设施应选用氢气爆炸混合物的级别和组别，非爆炸危险区域以外的照明灯具可选用非防爆型。

2）卸车、压缩、加注及营业站房等场所，均应设置应急照明；罩棚下灯具的防护等级不低于 IP44（建议采用 IP54）。

3）防爆灯具的光源宜采用荧光灯、LED 等高效光源。灯具不宜装在氢气释放源的正上方。

4. 防雷、防静电及接地要求

1）储氢容器、液氢储罐和加油加气储罐必须进行防雷接地，接地点不应少于两处。

2）氢气的长管拖车或管束式集装箱停放场地、卸车点车辆停放场地应设两处临时用的固定防雷接地装置，并应设置能检测跨接线及监视接地装置状态的静电接地仪。该装置不应设置在爆炸危险 1 区。

3）站内的防雷接地、防静电接地、电气设备的工作接地、保护接地及信息系统的接地等宜共用接地装置，接地电阻不应大于 4Ω。

4）站房和罩棚等建筑物需要防直击雷时，应采用接闪带（网）保护；当罩棚采用金属屋面时，宜利用屋面作为接闪器，但屋面应符合一定厚度，并具有持久的电气贯通及不含易燃物品。

5）氢气设备和管道应设防静电接地，设备不宜少于 2 处；设备接地不得采用串接；管道每隔不大于 50m 设 1 处；管道平行和交叉净距小于 100mm 时，应加跨接线。

6）氢气设备、管道法兰、阀门连接处应采用铜制金属连接线跨接，跨接电阻应小于 0.03Ω。

7）站内金属材质的外壳、管道、线槽、建构构件等应进行等电位联结并接地。

8）所有的防雷和静电接地装置，应定期检测接地电阻，每年至少检测一次。

5. 电缆要求

1）站内的电力线路宜采用电缆直埋，电缆穿越车道应穿钢套管；有扩建需求项目可酌情采用电缆沟敷设。

2）敷设导线或电缆用的保护钢管，须在以下部位做隔离密封：导线或电缆引向电气设备接头部件前；相邻的环境之间。

3）进站的电力及通信线缆应设置浪涌保护。

6. 直流电源要求

1）水电解制氢系统需要采用直流电源。

2）水电解槽与直流电源应按一对一方式独立配置，直流电源宜采用高频开关电源、晶闸管整流器或硅整流器。

3）直流电源应设有自动调压和自动稳流功能，并具备直流过流、交流缺相等联锁保护功能。

4）制氢系统整流器：额定直流电压应大于水电解槽的最大工作电压，调压范围为 0.6~1.05 倍最大工作电压；额定直流电流不应小于水电解槽的最大工作电流，宜为 1.1 倍最大工作电流。

5）设备按 GB 50177—2005《氢气站设计规范》的规定分为 1 区和 2 区，并符合对应的防爆等级要求。

6）直流线路应采用铜导体，宜敷设在较低处或地沟内。当必须采用裸母线时，应有防止产生火花的措施。

7）制氢系统的安全联锁信号均应切断直流电源，设备的紧急断电按钮应设在现场便于操作处。

3.4.7 采暖通风要求

1. 采暖

1）加氢站内的各类房间应根据生活环境、生产工艺需要进行采暖设计，其中室内计算温度不应低于表 3-26。

2）采暖宜利用周边集中供应的热源，或可设置电驱动的空气源热泵；站内严禁使用明火直接取暖，无利用条件时，可设置燃油（或气）锅炉间，但锅炉额定容量不宜大于 140kW；当采用燃气热水器采暖时，热水器应设有排烟系统和熄火保护装置。

表 3-26　室内采暖计算温度

序号	区域位置	室内计算温度/℃
1	办公室、值班休息室	18
2	营业室、仪表间、控制室	18
3	浴室、更衣室	25
4	卫生间	12
5	压缩机间、调压器间、泵房、发电间	12
6	制氢间	15
7	消防泵间	5

注：1. 摘自《汽车加油加气加氢站技术标准》（GB 50156—2021）之表 14.1。

　　2. 制氢间的温度要求摘自《氢气站设计规范》（GB 50177—2005）之第 11.0.1 条。

3）采暖系统的散热器选型时，应采用易于消除灰尘的散热器形式。

4）站内采暖管道宜直埋敷设，当采用管沟时，不得与工艺管线共沟；管沟应充沙填实，进、出建筑物处应采取隔断措施。

5）在计算采暖和通风需热量时，应计入制氢装置散发的热量。

6）站内有夏季制冷需求时，生活采暖也可采用电驱动热泵空调，或设置独立的电驱动制冷空调。空调系统应位于危险爆炸防区域之外。

2. 通风

1）站内爆炸危险区域中的房间或封闭箱体应采用通风措施。当采用强制机械通风时，工作期间的换气次数按 12 次/h，非工作期间按 5 次/h；当采用自燃通风时，通风口总面积不小于 $300cm^2/m^2$（地面），通风口不少于 2 个，且靠近可燃气体积聚部位。

2）有爆炸危险房间内，应设氢气检漏报警装置，并应与相应的事故排风机联锁。当空气中氢气浓度达到 0.4%（体积分数）时，事故排风机应能自动开启。

3）有爆炸危险房间，事故排风机的选型，应符合现行国家标准 GB 50058—2014《爆炸和火灾危险环境电力装置设计规范》的规定，并不应低于氢气爆炸混合物的级别、组别（ⅡCT1）。

4）自然通风帽应设有风量调节装置和防止凝结水滴落的措施。

3.4.8　仪控系统要求

1. 通用要求

1）加氢站应设自动控制系统；需要时除加注外的工艺区可按无人值守要求配置。

2）加氢站应设置紧急切断系统，该系统应在事故状态下实现设备停车和关闭氢源源的保护功能。

2. 主要的压力和温度检测项目

1）压力检测项目：储氢容器的压力；氢气压缩机进气、排气压力；制氢装置的出口压力显示、调节；水电解制氢装置的氢侧、氧侧压力和压差控制、调节；变压吸附提纯氢系统的每个吸附器的压力显示、吸附压力调节；其他根据氢气工艺要求，尚需设置压力显示、调节装置。

2）压力检测项目：储氢容器的温度（如液氢）；氢气压缩机排气温度；制氢装置出口气体温度显示；水电解槽（分离器）温度显示、调节；变压吸附器入口气体温度显示；其他根据氢气工艺要求，尚需设置温度显示装置。

3. 主要的计量和分析仪器

1）分析仪器：氢气纯度分析仪（连续）；氢气中杂质含量分析（在线或离线）；原料气纯度或组分分析（可选）；对水电解制氢装置，应设置氧中氢含量和氢中氧含量在线分析仪，另当回收氧气时，应设氧中氢含量超量报警装置。制氢装置的过程分段气体浓度分析仪。

2）计量仪器：原料气体流量计；产品氢气或对外供氢的氢气流量计。

4. 报警装置

1）储氢容器应按压力等级的不同，分别设有各自的高低压报警装置。

2）压缩机、储氢容器等易泄漏氢气的场所，应设置氢气浓度超限报警装置，当氢含量达到0.4%（体积分数）时应报警，并联锁启动事故排风。

3）加氢机箱柜内的氢气易积聚处应设氢气检测器，当氢含量达到0.4%（体积分数，余同）时应高报警，达到1%时应高高报警，并联锁停机，同时切断进气管。

4）氢气长管拖车的卸气端、氢气压缩机、储氢容器邻近处和加氢机顶部，应设置火焰报警探测器；探测器宜选用热成像型，火灾场景的设备表面覆盖率不小于85%。

5）站内控制系统应自动跟踪记录储氢容器压力波动超过20%设计压力的次数，以动态检测容器材料的疲劳极限。

5. 紧急切断系统

1）紧急切断系统应至少在以下位置设置：现场工作人员容易接近且较为安全的位置，及控制室、值班室等有人员值守的位置。

2）工艺设备的电源和工艺管道上的紧急切断阀应能由手动启动的远程控制切断系统操纵关闭；紧急切断系统只能手动复位。

3.4.9 职业卫生、安全和环境要求

在项目工程建设中，职业卫生（Health）、安全（Safety）和环境（Environment）等附属环节通常作为 HSE 内容，统一描述。

1. 职业卫生要求

1）加氢站的职业卫生设计应贯彻《中华人民共和国职业病防治法》，坚持"预防为主、防治结合"的工作方针，落实职业病危害"前期预防"控制制度。

2）职业病危害防护设施应与主体工程同时设计、同时施工，同时投入使用（三同时）。

3）在可行性论证阶段的报告应包括职业卫生相关内容，并进行职业病危害预评价；在设计阶段的初步设计应包括职业卫生专篇。

4）职业卫生的各项设计及防治措施应执行 GBZ 1—2010《工业企业设计卫生标准》的各项规定，包括选址、平面布局、防尘、防毒、防暑、防寒、防噪声与振动、防辐射、采光

照明等所涉及内容。

5）职业环境有害物接触限值应分别遵照 GBZ 2.1—2019《工作场所有害因素职业接触限值 第 1 部分 化学有害因素》和 GBZ 2.2—2007《工作场所有害因素职业接触限值 第 2 部分 物理因素》的各项规定。

6）职业卫生主要规范内容摘录：

① 选址避开可能产生或危害监控的场所或设施，如垃圾填埋场、污水处理厂、气体输送管道、及水、土壤已污染区；建设工程需要难以避开的，应先进行卫生学评价。

② 高温热源应尽可能布置在夏季主导风向的下风侧，噪声与振动较大的设备应安装在单层站房内，若站房为多层，应安装在底层，并采取有效的隔声和减振措施。

③ 高温、强热辐射作业（如重整制氢），应采用有效的隔热措施，作业人员经常停留或靠近处的地面和壁板，其表面平均温度不超过 40℃（瞬间最高值不超过 60℃）。

④ 当需要低温作业（如液氢）时，应采取作业人员的防冻伤措施。

⑤ 优先采用噪声较低的设备，噪声源控制时，可采取相应的隔声、吸声、消声措施。

⑥ 优先采用振动较低的设备受振动（1~80Hz）影响的辅助用室（营业室、值班室、会议室、控制机房、设备间），其水平或垂直振动强度不应超过 GBZ 1—2010《工业企业设计卫生标准》表 7 的规定值。

⑦ 在选用电力设备时，应在不影响健康、社会效益及技术经济可行的前提下，采取合理、有效的措施以降低站内的极低频电磁场的接触水平。

⑧ 照明涉及宜减少窗户眩光、裸光照射或使用深色灯罩；设备区避免孤立亮光区；潮湿场所应采用防水灯具或带防水灯头的开敞式灯具；高温场所，采用散热性能好的耐高温灯具。

2. 安全要求

1）加氢站的安全建设除执行 GB 50516 和 GB 50156 两项国家标准外，还要执行 GB 34584—2017《加氢站安全技术规范》的各项规定。

2）加氢站在可行性论证阶段的报告应包括安全生产相关内容，并进行安全预评价；在设计阶段的初步设计应包括安全专篇。

3）加氢站的具体安全要求包括站址选择、平面布局、制备氢、储存氢、压缩氢、输氢管道、加注氢、液氢、安全泄放装置、消防、电气、仪控、火源控制和人员作业等多个环节内容。

4）站址选择环节：

① 加氢站及各类合建站不应设在多尘或有腐蚀性气体及地势低注和可能积水的场所。

② 加氢站与站外市政道路之间宜设置缓冲地带，便于车辆进出和等候。

5）平面布局环节：

① 加氢站内的加氢、加油、加气和充电等不同介质的工艺设施，不宜交叉布置。

② 与加氢站合建的充电工艺设施安装位置应距离爆炸危险区域边界线 3m 以外。

③ 天然气、甲醇重整制氢及提纯氢装置应露天布置。

④ 站内的涉氢工艺区应与公众实现区域隔离，设不燃材料制作的实体墙或栅栏，墙（或栏）与工艺设备之间的距离不小于 0.8m，高度不小于 2.0m。

⑤ 建筑物内的生产用房应设有通风系统，通风系统进口应设置于墙体底部，出口宜设置于墙体顶部或建筑物顶部，且朝向安全区域；还应避免通风系统将氢带入建筑物内。

⑥ 应将氢系统与周围区域作禁区划分，并设置围栏，禁区周边应有醒目的警示标记。

⑦ 作业人员进入禁区前，应按规定着装并做好防护措施，并严格限制禁区内的人员数量。

6）制备氢环节：

① 水电解制氢应设置氧中氢和氢中氧的在线分析检测装置。

② 天然气、甲醇重整制氢，应设有原料气、产品氢气、解吸气和制氢过程分级的气体组分及纯度分析，应设有必要的压力、程序控制系统显示仪表。

③ 制氢系统应设置氮气吹扫置换接口，氮气中氧的体积分数小于 0.5%。

7）储存氢环节：

① 氢气储存容器设计时，应充分考虑在正常工作状态下大气环境温度条件对容器壳体金属温度的影响，其最低设计金属温度不应高于历年来月平均最低气温的最低值。

② 氢气储存系统中储氢装置分组布置并相互连通时，应设置保护措施，确保储氢容器不会发生超压事故。

③ 氢气储存系统中每个独立储存容器应有各自独立的安全泄放装置。

④ 储氢容器的支承和基础应为非燃烧体并确保牢固。

⑤ 氢气储气瓶组的气瓶、管路、阀门和其他附件应可靠固定，且应设有防止外界碰撞损坏的防护设施。

⑥ 固定式氢气储罐应设有压力表、安全泄放装置、氢气泄漏报警装置、吹扫置换接口等安全附件。

⑦ 氢气长管拖车的汇流总管应设有压力表和温度表。

8）压缩氢环节：

① 氢气压缩机的选型、数量，应根据进、排气压力，氢的纯度和用气量综合确定。

② 加氢站所有的氢气压缩机应采用无油润滑形式的压缩机。

③ 氢气压缩机试车时，应先采用氮气进行吹扫置换后再进行试车，不应使用氢气直接试车。试车后投入正式运行前，应用氢气进行吹扫置换，氢气质量符合终端需求纯度。

④ 氢气输送用压缩机后应设有氢气缓冲罐，压缩机的进气管与排气管之间设置旁通。

9）输氢管道环节：

① 氢气管道采用焊接连接或其他能有效防止泄漏的连接方式。

② 氢气管道、阀门、管件的选材应符合 GB/T 29729—2013《氢系统安全的基本要求》的规定，合理考虑以下因素：与氢的相容性、与相邻材料的相容性、与使用环境的相容性、毒性、失效模式、可加工性和经济性。

③ 氢系统用金属材料应满足强度要求，并具有良好的塑性、韧性和可制造性。用于低温工况时还应具有良好的低温韧性，其韧脆转变温度应低于系统的最低工作温度。

④ 氢气管道应采用架空敷设，其支架应为非燃烧体，且不应与电缆、导电线路、高温管线敷设在同一支架上。

⑤ 氢气管道与其他管道共架敷设或分层布置时，氢气管道宜布置在外侧并置于上层，且应保持一定的安全间距。

⑥ 氢气管道与建构筑物或其他管线应保持一定的安全间距，室内管道不应敷设在地沟中或直接埋地，室外地沟敷设的管道，应采取防止氢泄漏、积聚的措施（明沟或填砂）。

⑦ 氢气管道应设置防止高压传入低压的止回阀和控制切断阀，阀位设置包括卸气柱与压缩机之间、压缩机出口、储氢容器的进、出气管，加氢机与预冷换热器之间、氮气集装格出口和氮气与氢气管线连接处。

⑧ 氢气的设备和管道应设置氮气置换吹扫口，所用氮气纯度不低于 99.5%（体积分数）。

⑨ 氢气管道上连接至有明火的用氢设备的管道应设置阻火器。

⑩ 氢气管道上应设置安全泄放（放空）口、分析取样口和吹扫置换口，其位置应能满足管道内气体排放、取样、吹扫和置换的要求。

⑪ 管道上应标明介质及其流动方向。

10）加注氢环节：

① 加氢机的设计制造应符合 GB/T 31138—2022《加氢机》的各项安全规定，包括电源适应性、环境适应性、耐压性、气密性、电磁兼容性、掉电保护及复显等。

② 加氢机的耐压性和气密性要求：耐压强度应满足 1.1 倍最大工作压力下，保持 10min。不出现永久变形和破裂；气密性应满足最大工作压力下，保持 24h，使用检漏液检查各个气路的连接处，不允许有泄漏，并且表压降不大于保压初始值的 0.5%。

③ 加氢机加注管道上应设置安全阀，安全阀开启压力应为最大工作压力的 1.05~1.1 倍，且不大于设计压力。当发生超压情况时，加氢机应能自动排放氢气泄压。

④ 加氢机宜（70MPa 为应）设置与汽车相连接的通信接口，在加注过程中将汽车气瓶的温度、压力信号输入到加氢机。通信中断或超温超压工况时，应能自动联锁加氢机，停止加注氢气。

⑤ 加氢软管与加氢机应可靠连接并导电良好，加氢软管上应设置拉断阀。

⑥ 加氢枪应能与被加注车辆加氢口配合良好，连接可靠，不泄漏。加氢枪的设计能避免不同工作压力等级的加氢口串用。

⑦ 加氢机宜设置人体静电导释装置，并良好接地，接地电阻不大于 10Ω。人体静电导释装置可安装在加氢机旁易于人员接近的地方。

⑧ 加氢机应放置在高度超过 120mm 的基座上，基座每个边缘距离加氢机至少 200mm。加氢机周围应设置防撞柱（栏），预防车辆撞击。

11）液氢环节：

① 液氢储罐应安装泄压装置防止压力过高；泄压装置及其排气管道应不允许水分在其上积聚及冷冻。

② 液氢储罐排气管道不应与其他排空管道连接，以避免氢气回流到其他系统中；液氢汽化器排气管道同。

③ 液氢储罐应设置防撞措施。

④ 液氢汽化器及其管路应设有超压泄放保护装置。

⑤ 液氢汽化器的热量应来自间接的介质（如空气、蒸汽和水等）。

⑥ 液氢汽化器应固定，其连接管路应保证充分的柔性，避免由于温度变化所引起的膨胀和收缩造成管道失效或泄漏。

⑦ 液氢管道可能有液体滞留的部位（如两道截止阀之间）应设置安全泄放装置；管道应设有坡度，且不应采用螺纹连接。

⑧ 液氢设施及管道应远离易燃材料和易产生低温催化的材料（如碳钢）。

12）安全泄放环节：

① 制造安全泄放装置的单位应持有相应的特种设备制造许可证，装置应有产品合格证或质量合格证明书，经校验后方可安装及使用。

② 安全泄放装置应能保证系统的压力始终不高于最大允许工作压力，其尺寸应适应压力源的最大流量，且在极端条件下仍应有足够的泄放能力。

③ 若低压氢系统通过压力调节器与高压氢系统连接，且低压氢系统的承压上限低于高压氢系统，则低压氢系统应设置安全泄放装置以防止超压。

④ 安全泄放装置和被保护的容器或管道之间不应安装截止阀，若为检修需要而安装，应设置为铅封开。

⑤ 氢气应选用全封闭式安全阀，垂直安装且靠近被保护位置。

⑥ 爆破片应设有安全保护盖，爆破时不应产生火花和金属碎片。

13）消防环节：

① 加氢站应设置火灾检测系统、灭火系统及紧急停车系统，并配备便携式灭火器，但电气设施及用房不应采用水消防。

② 站内应设有消防车通道和消防给水设施。

③ 站内设消防水池（或水箱）时，应设置供消防车取水的消防车道，车道边缘距取水点不大于 2m。

④ 站内消防泵房（若有）和消防控制室（或与站控系统共用房间）应采取防水淹的技术措施。

⑤ 氢气长管拖车上应配备灭火器材。

⑥ 与充电站合建的站内充电设备区，还应按 100kW 或 50000Ah 电池配置便携式 E 类火灾的水基式灭火器及灭火毯，并存放在方便取用的位置。

⑦ 建筑外墙设置有玻璃幕墙或采用火灾时可能脱落的墙体装饰材料或构造时，供灭火用的水泵结合器、室外消火栓等室外消防设施，应设置在距离建筑外墙相对安全的位置或采取安全防护措施。

⑧ 设置在室内外供人员操作或使用的消防设施，均应设置区别于环境的明显标志。

⑨ 突发事件救援时，消防人员应采用相关部门推荐的处理方法，立即采取救援措施，并建立警戒区域，及时疏散警戒区域内的无非救援人员。

⑩ 火灾发生时，消防人员应配备个人防护装置进入现场，并预防外露皮肤烧伤。

14）电气环节：

① 电气设备工作时的表面温度应低于氢在空气中的着火温度。

② 在有爆炸危险环境区域敷设的电缆和导线，应符合 GB 50217—2018《电力工程电缆

设计标准》的规定；敷设电缆或导线用的保护钢管应在设备接头部件前和相邻不同环境间做隔离密封。

③ 采用电缆沟敷设电缆时，沟内应充砂填实；电缆不应与工艺管道同沟敷设。

④ 与充电站的合建站中充电机的供电回路上应设置保护器，当充电机被撞或遇到其他危险工况时，保护器应能自动切断供电。

⑤ 加氢站的防雷分类不应低于第二类防雷建筑。

⑥ 电气设备应有防静电接地装置，并应定期检测接地电阻，以消除或减少静电积累的可能性。

⑦ 工艺设施接地、防雷接地、防静电接地及信息系统接地，应共用一套接地装置，其接地电阻应采用各种接地要求的最小值。

⑧ 工艺设施及放空管等金属结构和设备组件不得以可燃介质管道作为接地体。

15）仪控环节：

① 加氢站应设置中央监控和数据采集系统，实时采集和记录各类主要工艺设备的运行状态和参数。

② 在加氢站的进出入口、氢储存区、氢加注区、油气储存区、加油加气区、充电区、控制室和配电室应设置不间断安防视频监控设施，并把监控视频上传数据采集系统并做数据备份，数据备份的保存时间不少于 30d。

③ 安防前端设备应尽可能设置于爆炸危险区域外，当必须安装在爆炸危险区域内时，应选用与爆炸危险介质相适应的防爆产品。

④ 控制室及控制系统应远离爆炸危险区域，否则应采用防火墙进行保护。

⑤ 仪控系统应配备不间断电源，UPS 供电时间大于 30min，建议不少于 60min。加氢机或加氢岛应设置紧急切断按钮，当按钮触发时可实现自动关闭加氢机进口管道的自动切断阀和关闭上游系统的联锁控制。

⑥ 站内应配备固定式和便携式氢气检测报警仪；报警仪均应定期校验；当空气中氢含量达到氢气可燃极限下限的 10%时（空气中氢的质量分数约 0.4%），氢气检测报警仪应报警，达到 25%时（空气中氢的质量分数约 1%），应联锁系统停机并切断氢源。

⑦ 站内应配备固定式和便携式氢火焰检测报警仪，氢火焰检测报警仪应根据响应时间、检测距离、覆盖范围、灵敏度、可燃极限要求等因素选用。

16）火源控制：

① 加氢站的爆炸危险区域内，应采取如下措施，以防止出现电点火源。

a. 评估所用材料的静电放电能力。

b. 防止管道系统中的固体颗粒引发电荷积聚而导致静电放电。

c. 采用适当的接地方法，以防止雷击、闪电等电点火源。

d. 防止电气短路或故障产生的电弧或火花。

e. 防止作业人员的着装产生静电。

f. 避免使用移动通信设备等易产生电弧的电器。

② 加氢站的爆炸危险区域内，应采取如下措施，以防止出现热点火源。

a. 禁止放置烟花爆竹等易燃易爆物品。

b. 禁止焊接、吸、烟等产生明火的行为。

c. 控制内燃机和排气烟囱等所排放废气的温度。

d. 避免管道系统内形成周期性的激波而引起谐振点火。

③ 加氢站的爆炸危险区域内，应采取如下措施，以防止出现机械点火源。

a. 避免机械冲击或摩擦。

b. 预防金属断裂。

c. 防止因机械振动产生点火源。

17）人员作业：

① 作业人员应按规定的操作程序操作；清洗、吹扫、冷却、储存、充装、输送、泄漏检测、火焰检测、设施维护等操作应制定专门的操作程序；且应定期评估操作程序的有效性。

② 作业人员上岗时应穿着符合规定的阻燃、防静电工作服、防静电鞋，且佩戴必要的个人防护装置。

③ 作业人员应经过岗位培训、考试合格后持证上岗。特种作业人员（电工、焊接与热切割作业和高空等）应经过专业培训，持有特种作业资格证，并在有效期内持证上岗。

④ 突发紧急情况下，受过意外事故处理培训的现场人员，可协助消防、公安等人员进行救援。

3. 环境要求

1）环境防护及治理设施应与主体工程同时设计、同时施工，同时投入使用（三同时）。

2）加氢站在可行性论证阶段的报告应包括环境保护及治理相关内容，并进行环境预评价。

3）环境污染源具体分类为大气、水、声和固体废物，环境保护还涉及水土保持。

① 大气环境：

a. 站内大气环境质量应符合 GB 3095—2012《环境空气质量标准》对于二类地区的各项规定，包括二氧化硫、二氧化氮、一氧化碳、臭氧、颗粒物（PM10 和 PM2.5）都应处于浓度限值内。

b. 站内使用锅炉作为热源的，其排气还要符合 GB 13271—2014《锅炉大气污染物排放标准》的各项规定，包括颗粒物、二氧化硫、氮氧化物、汞等。

c. 当站内设置柴油机（作为发电机或驱动消防泵）时，根据生态环境部的环函〔2005〕350 号要求，其排放可参照执行 GB 3095—2012；当站内设置燃气内燃机时，建议其排放还应参照执行 GB 13271—2014。

② 水环境：

a. 当站内用水（生产或消防）采用地表水（江河湖等）取水时，要遵循 GB 3838—2002《地表水环境质量标准》，不符合站用标准的，应设置相应的水处理设施，还应根据国家《取水许可和水资源费征收管理条例》办理相关的取水许可手续。

b. 站内各类的生活和生产污水（如含油废水）排放必须遵循 GB 8978—2002《污水综合排放标准》的第一类（汞、铬、砷等）和第二类污染物（pH、悬浮物、COD 等）的浓度要求。一般排入设置二级污水处理厂的城镇排水系统的污水，须执行三级标准。

③ 声环境：

a. 位于道路两侧的加氢站应符合 GB 3096—2008《声环境质量标准》针对交通干线的 4a 类要求，昼间控制 70dB（A），夜间控制 55dB（A）。

b. 工业企业内部自用的加氢站应符合 GB 3096—2008《声环境质量标准》针对工业生产的 3a 类要求，昼间控制 65dB（A），夜间控制 55dB（A）。

c. 加氢站与周边设施相邻时，其站界的噪声值应符合 GB 12348—2008《工业企业厂界环境噪声排放标准》的要求，其分类同 GB 3096—2008，但对夜间的频发和偶发噪声有区别规定。

d. 施工阶段的工程机械应不超过 GB 16710.1—1996《工程机械 噪声限值》中表 1 的限值；站内设置往复式内燃机（柴油发电机或柴油泵）时，应按 GB/T 14097—2018《往复式内燃机 噪声限值》，选用 1~2 级低噪声等级。

④ 固体废物：

a. 根据《中华人民共和国污染环境防治法》，固体废物分为三类，一是城市垃圾，二是工业固体废物，三是危险废物。

b. 加氢站建造过程和人员运营过程中产生的生产或生活垃圾类的固体废物，按当地城市相关的垃圾运输管理规定执行。

c. 加氢站及其合建站中仅包括少量的工业固体废物（废旧工艺设备、充电合建站的废旧锂电池等），需进行三化处理——资源化、无害化（焚烧、填埋和固化等）和减量化。

d. 站内若有化石能源重整制氢或烟气脱硝（如 SCR）装置，其采用的镍基金属催化剂属于危险废物（第一类有毒废物），必须专门申报和处置。

⑤ 水土保持：

a. 占地面积 $1hm^2$ 以上或挖填土石方 $1×10^4m^3$ 以上的项目，必须编报水土保持方案报告书，其他项目必须编报水土保持方案报告表。

b. 在项目建议书阶段应有水土保持章节，可行性研究报告应用水土保持章节，并编报水土保持方案，初步设计阶段应根据水土保持方案和有关技术标准，进行水土保持初步设计，施工图阶段应进行施工图设计。

c. 项目水土流失防止及其措施应控制和减少对原地貌、地表植被、水系的扰动和损毁，减少占用水、土资源。项目建设应遵循 GB 50433—2018《开发建设项目水土保持技术规范》的规定，具体设计要求应符合 GB 51018—2014《水土保持工程设计规范》。

d. 开挖、排弃、堆垫的场地必须采取拦挡、护坡、截排水等整治措施；弃土（石、渣）应综合利用。

e. 施工过程必须有临时防护措施，施工迹地应及时恢复其利用功能。

3.4.10　施工安装要求

本节概括加氢站项目施工和设备管道安装方面的主要要求，加氢站项目竣工验收相关要求见本书第 4 章。

1. 施工要求

1）加氢站施工应按工程设计文件及工艺设备、电气仪控的产品使用说明书进行，当需要修改设计或材料代用时，应征得原设计单位同意或提供书面变更文件。

2）施工前，项目单位应组织或委托监理组织进行设计与施工单位的设计交底和图纸会审。

3）施工单位应组织施工图纸审查，编制施工方案。

4）施工设备、检测仪器应性能可靠，计量器具应处于有效期内。

5）隐蔽工程施工记录应有项目单位代表在场验收并书面签字确认。

6）材料和设备应具有质量证明文件，包括但不限于压力容器、阀门、管材等，进口设施应有进口设备商检合格证；低温材料应包含相应冲击试验报告。

7）设备技术施工除符合现行行业标准 SH/T 3510—2017《石油化工设备混凝土基础工程施工质量验收规范》外，还要符合表 3-27 规定。

表 3-27　加氢站设备技术施工的特殊要求

序号	特殊要求条款
1	拆除模板时，基础混凝土达到的强度不应低于设计值的 40%
2	钢筋的混凝土保护层厚度允许偏差为 ±10mm
3	基础混凝土不得有裂缝、蜂窝、露筋等缺陷；周围土方应夯实、整平
4	基础交付设备安装时，混凝土强度不应低于设计值的 75%
5	基础均匀沉降且 6d 内累计沉降值不超过 12mm 为合格 （按设备容积 1/3 分期注水，每期稳定不少于 12h；满水后观测不得少于 6d）

2. 安装要求

1）压缩机试运转应进行表 3-28 中的各项检查和记录。

表 3-28　压缩机试运转的要求

序号	特殊要求条款
1	滑油的压力、温度和各部位供油情况
2	各级吸、排气的温度和压力
3	各级进、排水的温度和压力；冷却水的供应情况
4	运转时异响；连接部位无漏气、漏油、漏水和松动现象
5	主轴承、滑道、填料函等摩擦部位温度
6	电动机的电流、电压和温升
7	试运转后，应采用惰性气体对设备进行整体置换

2）非焊接管件连接的氢气管道应采用机械加工进行切割。

3）氢气管道焊接：碳钢管宜采用氩弧焊打底，不锈钢管应采用氩弧焊；焊接表面质量不得有裂纹、未熔合、夹渣、飞溅存在，焊缝不得有凸出；焊缝余高不大于 2mm，错边量不大于 1mm。

4）氢气管道焊接接头应采用 X 射线进行 100% 探伤，射线检测技术等级不低于 AB 级，质量等级不低于 Ⅱ级（NB/T 47013.2—2015 或 NB/T 47013.11—2015）；设计压力大于或等于 10MPa 的管道和管件，外表面应逐件进行表面无损探测（磁粉或渗透），Ⅰ级合格（NB/T 47013.4—2015 或 NB/T 47013.5—2015）。

5）高压锥面螺纹接头安装应符合制造厂家规定，选用左旋螺纹；安装前，接管和螺纹应涂上润滑油，先将压紧螺母套到管上，套环再拧到管上，再将接管、套环和管道一同插入到接头本体中，用手拧紧后，再用力矩扳手拧到要求的力矩值；接头安装完毕后应去除毛刺和碎屑，管内壁切削油应清洗干净。

6）运行前，氢气管道系统应进行压力试验和泄漏性（量）试验；压力试验介质应以氮气或干燥无油空气进行，试验压力为设计压力的 1.1 倍，稳压 10min 后降至设计压力，发泡剂检验无泄漏；泄漏性试验介质应以氮气或氦气进行，试验压力为设计压力，当使用氮气时保压 24h，当使用氦气时保压 1h，1h 内的泄漏率均不超过 0.5%。

7）设备电缆施工除符合现行国家标准 GB 50168—2018《电气装置安装工程电缆线路施工及验收标准》外，还要符合表 3-29 规定。

表 3-29　电缆安装的特殊要求

序号	特殊要求条款
1	电缆计入电缆沟和建筑物时应穿管保护；保护管空洞应封闭，管口应密封
2	施工作业区内的道沟应充沙填实
3	电缆穿过墙、楼板或进入电气盘柜孔洞处应防火和阻燃处理，并采取隔离密封

8）接地装置施工除符合现行国家标准 GB 50169—2016《电气装置安装工程接地装置施工及验收规范》外，还要符合表 3-30 规定。

表 3-30　接地装置的特殊要求

序号	特殊要求条款
1	接地体顶面埋深不宜小于 0.6m，接地体应垂直辐射，其余装置焊接部位应防腐
2	电气装置的接地应以单独的接地线与接地网连接，不得采用串接方式

9）防爆电气施工除符合现行国家标准 GB 50257—2014《电气安装工程爆炸及火灾危险环境电气装置施工及验收规范》外，还要符合表 3-31 规定。

表 3-31　防爆电气的特殊要求

序号	特殊要求条款
1	接线盒、接线箱等的隔爆面上不应有砂眼、机械伤痕
2	电缆线路穿过不同危险分区时，在交界处的电缆沟内应充砂或设防火隔墙
3	钢管与钢管、钢管与电气设备之间的连接应符合防爆要求

10）仪表安装除符合现行行业标准 SH/T 3521—2013《石油化工仪表工程施工技术规

程》外，还要符合表 3-32 规定。

表 3-32　仪表安装调试的特殊要求

序号	特殊要求条款
1	仪表安装前应进行外观检测，并调试校验合格
2	仪表电缆敷设及接线前应进行导通检查与绝缘试验
3	内浮筒或浮球液面计的导向装置应垂直安装，保证管内液流导通
4	电缆的屏蔽单端接地应在控制室一侧，电缆现场端的屏蔽层不得露出保护层外

11）信息系统的线缆安装：室内敷设时宜采用暗铺，无法暗铺时，应使用护套管或线槽沿墙明铺；电源线和信息线不应敷设在同一护套管内，通信线管与电源线管出口间隔不小于 300mm。

12）防腐安装：严禁站内距作业点 25m 范围内（合建站为 18.5m）有明火或电火花作业；埋地金属设备和管道应进行电火花检测；环境温度低于 5℃、相对湿度大于 80%或在雨雪环境中，应采取可靠措施。

课后习题

一、填空题

1. 我国国家层面的加氢站设计规范起步于_____年，具体名称是_____，编号GB_____。

2. 加氢站的等级分为_____级，其中，在城市建成区内不应建造_____级站。

3. 加氢站的工艺设施与站外建构筑物之间的距离不大于所控安全距离的_____倍，且不大于_____m 时，相邻一侧应设施不低于_____m 的不燃烧实体围墙。

4. 当采用长管拖车站外供氢时，长管拖车或集装格的额定储氢压力不应超过_____MPa，站内设有的固定停车位不应超过_____个。

5. 对于氢气储存设施，当充氢压力为 35MPa 时，储氢工作压力不应大于_____MPa；当充氢压力为 70MPa 时，储氢工作压力不应大于_____MPa；储氢温度在_____度之间。

6. 加氢站的站内放空总管应高于站内设施最高点至少_____m 以上。

7. 关于站内氢气检测报警仪，当空气中氢含量达到可燃极限下限的_____时，氢气检测报警仪应报警；达到_____时，应联锁系统停机并切断氢源。

二、单选题

1. 以下哪类不属于加氢站的合建类别（　　）。

A. 加油与气氢　　　　　　　　　　　　B. 充电与液氢

C. 天然气与气氢/液氢　　　　　　　　 D. 甲醇与气氢

2. 加氢站内的储氢罐与重要公共建筑的站外最小安全间距为（　　）m。

A. 10　　　　　　　B. 25　　　　　　　C. 50　　　　　　　D. 100

3. 氢气爆炸混合物的级别和组别不应分别低于（　　）级和（　　）组。

A. Ⅰ, B　　　　　B. Ⅱ, B　　　　　C. Ⅱ, C　　　　　D. Ⅲ, A

4. 质子膜氢燃料电池汽车的氢气质量应符合国家规范的要求, 其氢纯度不得低于 (　　)%。

A. 98.0　　　　　B. 99.97　　　　　C. 99.999　　　　　D. 95

5. 氢气管道材料宜选用奥氏体的镍铬钼类低碳不锈钢 316L, 其镍含量不低于 (　　)%, 镍当量不低于 (　　)%。

A. 12, 28.5　　　　　B. 10, 25　　　　　C. 8, 20　　　　　D. 5, 15

6. 加氢站的站址选择要求中, 以下错误的是 (　　)。

A. 站址不应设在多尘或有腐蚀性气体及地势低洼和可能积水的场所

B. 与站外市政道路之间宜设置缓冲地带, 便于车辆进出和等候

C. 合建站可与现状加油站、加气站合建, 但不可与充电站合建

D. 应符合城镇规划、环境保护和消防安全的总体要求, 还应执行当地政府主管部门的规划要求

参 考 文 献

[1] 中华人民共和国工业和信息化部. 加氢站技术规范: GB 50516—2010 (2021 年版) [S]. 北京: 中国计划出版社, 2021.

[2] 住房和城乡建设部, 国家市场监督管理总局. 汽车加油加气加氢站技术标准: GB 50156—2021 [S]. 北京: 中国标准出版社, 2021.

[3] 中国国家质量监督检验检疫总局, 中国国家标准化管理委员会. 加氢站安全技术规范: GB/T 34584—2017 [S]. 北京: 中国标准出版社, 2017.

[4] 张旭. 油氢合建加氢站建设与设计规范探讨 [J]. 现代化工, 2021, 41 (7): 19-25.

[5] 中国国家质量监督检验检疫总局. 氢气站设计规范: GB 50177—2010 [S]. 北京: 中国标准出版社, 2005.

第4章 加氢站运营管理

加氢站涉及危险化学品和特种设备两个行业领域，国务院已经颁布了《危险化学品安全管理条例》，《危险化学品安全法》也正在立法过程中，而《特种设备安全法》已于2014年施行。加氢站作为叠加了危险化学品和特种设备两种安全风险并向社会开放的经营场所，安全是加氢站运营的重中之重。为确保加氢站的安全运营，有必要依照现有法规、条例规范加氢站的运营管理，最大限度地降低安全风险。本章介绍我国加氢站竣工验收、经营许可和运营安全管理的相关规定，以及加氢站安全应急预案的编制和质量保证体系的建立。

4.1 加氢站竣工验收相关规定

加氢站在从工程建设后期到正式投入使用前这个阶段，建设单位应按相关法规的要求，开展加氢站的验收、检测、许可证办理等工作。

4.1.1 工程竣工验收

《建筑法》第六十一条规定，交付竣工验收的建筑工程，必须符合规定的建筑工程质量标准，有完整的工程技术经济资料和经签署的工程保修书，并具备国家规定的其他竣工条件。建筑工程竣工经验收合格后，方可交付使用，未经验收或者验收不合格的，不得交付使用。

国务院《建设工程质量管理条例》第十六条规定，建设单位收到建设工程竣工报告后，应当组织设计、施工、工程监理等有关单位进行竣工验收。建设工程竣工验收应当具备下列条件：

1）完成建设工程设计和合同约定的各项内容。

2）有完整的技术档案和施工管理资料。

3）有工程使用的主要建筑材料、建筑构配件和设备的进场试验报告。

4）有勘察、设计、施工、工程监理等单位分别签署的质量合格文件。

5）有施工单位签署的工程保修书。

建设工程经验收合格的，方可交付使用。

加氢站竣工验收是工程建设的最终成果评价，是施工单位将加氢站交付给建设单位或运营单位的重要环节。根据现行国家标准规范的规定，工程竣工验收工作应由建设单位负责，组织施工、设计、监理等单位共同进行。按规定验收合格，并经建设单位认可后，办理竣工验收手续。GB 50516—2010《加氢站技术规范》明确规定[1]：

1）施工单位按合同规定范围内的工程全部完成后，应及时进行工程竣工验收。

2）工程竣工验收应由建设单位负责，组织施工、设计、监理等单位共同进行，合格后即应办理竣工验收手续。

3）工程竣工验收时，施工单位应提交文件见表 4-1。

表 4-1　工程竣工验收文件内容明细表

序号	内容	明细
1	综合部分	竣工技术文件说明 开工报告 工程竣工证书 图纸会审记录、设计变更清单及其相应签证文件 材料和设备质量证明文件及其复验报告
2	建筑工程	工程定位测量记录 地基验槽记录 钢筋检验记录 混凝土工程施工记录 混凝土/砂浆试件试验报告 设备基础允许偏差项目检验记录 设备基础沉降记录 钢结构安装记录 钢结构防火层施工记录 防水工程试水记录 填方土料及填土压实试验记录 合格焊工登记表 隐蔽工程记录 防腐工程施工检查记录
3	安装工程	合格焊工登记表 隐蔽工程记录 设备开箱检查记录 静置设备安装记录 设备清理、检查、吹扫、置换、封存记录 设备安装记录 设备单机运行记录

(续)

序号	内容	明细
3	安装工程	阀门试压记录 安全阀调整试验记录 管道系统安装检查记录 管道系统试验记录 管道系统吹扫/置换记录 设备、管道系统防静电接地记录 电缆敷设和绝缘检查记录 报警系统安装检查记录 接地体、接地电阻、防雷接地安装测定记录 电气照明安装检查记录 防爆电气设备安装检查记录 仪表调试及其系统试验记录
4	竣工图	
5	观感检查记录	

4.1.2 其他项目验收

1. 档案验收

加氢站建设项目档案验收包括项目建议书、可行性研究报告、初步设计、立项审批、勘察设计、土建施工、设备安装、调试方案、竣工到投产，全过程所形成的应归档保存的文件资料。国家档案局《建设项目（工程）档案验收办法》第三条规定，凡按批准的设计文件所规定的内容新建、扩建、改建的基本建设项目（工程）和技术改造项目的竣工验收工作均应包括对档案的验收。因此加氢站在建设初期就应重视档案的收集、整理、分类和保存。

2. 消防验收

《消防法》第十三条规定，国务院住房和城乡建设主管部门规定应当申请消防验收的建设工程竣工，建设单位应当向住房和城乡建设主管部门申请消防验收。依法应当进行消防验收的建设工程，未经消防验收或者消防验收不合格的，禁止投入使用。加氢站属于易燃易爆气体储存及充装场所，在投入使用前应按照法规的要求进行消防验收。验收的主要内容包括站内设备设施之间及与站外建构筑物之间的消防间距是否符合设计文件（总平图、消防专篇等）、消防水量是否符合要求、火焰探测及火灾报警系统是否正常工作、灭火器材配备是否齐全等。

3. 防爆验收

加氢站属于可能出现气体爆炸性混合物和火灾危险物质的环境，按照 GB 50257—2014《电气装置安装工程 爆炸和火灾危险环境电气装置施工及验收规范》规定[2]，工程竣工后应进行防爆验收，防爆验收主要内容如下。

1）防爆电气设备的保护装置及连锁装置应动作准确、可靠。

2）防爆电气设备的铭牌中应标明防爆合格证号，并符合产品技术文件的要求。

3）防爆电气设备的类型、级别、组别，应符合设计要求，并应与危险区域的级别相适应。

4）电气装置的接地、防静电接地线应符合设计要求，接地应牢固、可靠。

防爆验收时还应提交以下文件和资料。

1）设计变更文件。

2）制造商提供的产品使用说明书、试验记录、合格证件及安装图纸等技术文件。

3）有关设备的安装调试记录。

4）防静电接地的接地电阻值的测试记录等。

加氢站防爆验收重点是爆炸危险区域内的设备、电器、电缆、照明等。防爆验收应委托有资质的第三方检验机构进行。GB 50516—2010《加氢站技术规范》对加氢站爆炸危险区域的等级范围划分如下[1]（见该标准中附录 A：加氢站爆炸危险区域的等级范围划分）。

1）有爆炸危险区域的等级定义应符合现行国家标准 GB 50058—2014《爆炸危险环境电力装置设计规范》的有关规定。

2）加氢机爆炸危险区域的划分，应符合下列规定（图 4-1）。

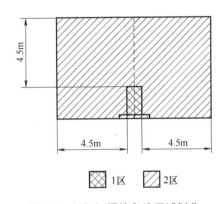

图 4-1 加氢机爆炸危险区域划分

注：加氢机内部空间为 1 区；以加氢机外轮廓线为界面，以 4.5m 为间隔的地面区域为底面和以加氢机顶部以上 4.5m 为顶面的圆台形空间为 2 区。

3）室外或罩棚内储氢容器或瓶式储氢压力容器组的爆炸危险区域划分，应符合下列规定（图 4-2）。

4）氢气压缩机间的爆炸危险区域划分，应符合下列规定（图 4-3）。

5）撬装式氢气压缩机组爆炸危险区域的划分，应符合下列规定（图 4-4）。

4. 防雷防静电验收

加氢站竣工后建设单位应委托有资质的第三方检测机构按 GB/T 21431—2015《建筑物防雷装置检测技术规范》[3]进行防雷防静电检测。加氢站建筑、设备、设施等的防雷防静电接地电阻应符合要求。

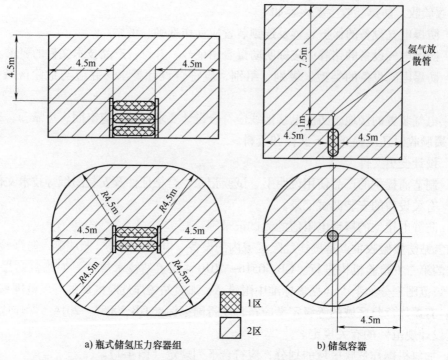

图 4-2　室外或罩棚内的瓶式储氢压力容器组或储氢容器爆炸危险区域划分

注：设备本身为 1 区；以设备外轮廓线为界面，以 4.5m 为半径的地面区域、顶部空间区域为 2 区；
设备的放空管应集中设置。从氢气放空管管口计算，半径为 4.5m 的空间和顶部以上 7.5m 的空间区域为 2 区。

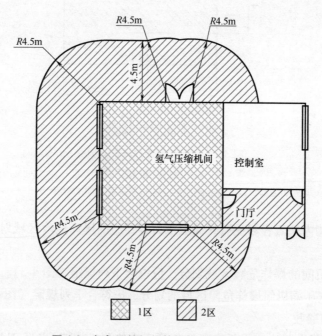

图 4-3　氢气压缩机间的爆炸危险区域划分

注：房间内的空间为 1 区；以房间的门窗边沿计算，半径为 4.5m 的地面、空间区域为 2 区；
从氢气放空管管口计算，半径 4.5m 的区域和顶部以上 7.5m 的空间区域为 2 区。

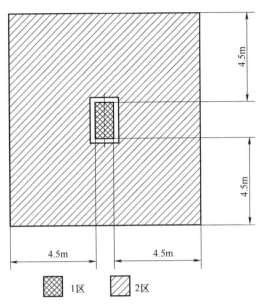

4.5m

4.5m

4.5m　4.5m

▨ 1区　▨ 2区

图 4-4　撬装式氢气压缩机组爆炸危险区域划分

注：设备内为 1 区；以撬装式氢气压缩机组的外轮廓线为界面，以 4.5m 为间隔的地面区域、顶部空间为 2 区。

国务院《气象灾害防御条例》第二十三条规定，各类建（构）筑物、场所和设施安装雷电防护装置应当符合国家有关防雷标准的规定。对新建、改建、扩建建（构）筑物进行竣工验收，应当同时验收雷电防护装置并有气象主管机构参加。

国家气象局《防雷装置设计审核和竣工验收规定》明确规定，油库、气库、加油加气站、液化天然气、油（气）管道站场、阀室等爆炸危险环境设施应当经过竣工验收。防雷装置竣工未经验收合格的，不得投入使用。新建、改建、扩建工程的防雷装置必须与主体工程同时设计、同时施工、同时投入使用。防雷装置竣工验收应当提交以下材料：

1）防雷装置竣工验收申请书。

2）防雷装置设计核准书。

3）防雷工程专业施工单位和人员的资质证书和资格证书。

4）有防雷装置检测资质的检测机构出具的《防雷装置检测报告》。

5）防雷装置竣工图等技术资料。

6）防雷产品出厂合格证、安装记录和由国家认可防雷产品测试机构出具的测试报告。

另外，防雷装置竣工验收申请要求：申请材料的合法性和内容的真实性；安装的防雷装置是否符合国务院气象主管机构规定的使用要求和国家有关技术规范标准，是否按照审核批准的施工图施工。

《防雷减灾管理办法》（中国气象局第 24 号令）规定，投入使用后的防雷装置实行定期检测制度，防雷装置应当每年检测一次，对爆炸和火灾危险环境场所的防雷装置应当每半年检测一次。

5. 环境保护验收

国务院《建设项目环境保护管理条例》对建设项目的环境保护验收有如下规定。

1）编制环境影响报告书、环境影响报告表的建设项目竣工后，建设单位应当按照国务院环境保护行政主管部门规定的标准和程序，对配套建设的环境保护设施进行验收，编制验收报告。

2）分期建设、分期投入生产或者使用的建设项目，其相应的环境保护设施应当分期验收。

3）编制环境影响报告书、环境影响报告表的建设项目，其配套建设的环境保护设施经验收合格，方可投入生产或者使用；未经验收或者验收不合格的，不得投入生产或者使用。

加氢站建设项目对环境影响较小，环评一般采用环境影响报告表的形式。在加氢站投用前应当进行环境保护验收并出具验收报告。

加氢站对环境影响很小，现在有的地区已经对不在城市建成区和环境敏感区的加氢站建设项目，不再要求编制环境影响评价报告书、报告表。但对加氢站可能产生的噪声、废油、废气还是要进行检测。

6. 燃气设施验收

根据国务院《城镇燃气管理条例》的规定，氢气虽然尚未明确列入城镇燃气，但为燃料电池汽车提供燃料的加氢站作为燃气设施已在国内形成共识，各地也纷纷按燃气设施出台了加氢站建设运营管理办法。《城镇燃气管理条例》明确规定：燃气设施建设工程竣工后，建设单位应当依法组织竣工验收，并自竣工验收合格之日起 15 日内，将竣工验收情况报燃气管理部门备案。

加氢站作为燃气设施，建设单位在投用前必须经过验收并报当地的燃气管理部门，这也是取得《燃气经营许可证》的必要条件。

4.1.3 技防设施专项检测

加氢站在正式投入运行前除必须进行上述项目验收外，还应进行以下专项检测并取得报告或证书。

1. 氢气质量检测

对供应商提供的氢气在卸气柱和加氢机末端分别取样，按照 GB/T 37244—2018《质子交换膜燃料电池汽车用燃料 氢气》的要求[4]，送具备资质的第三方检测机构进行全组分氢气质量分析。分别取样的目的，一是为了了解原氢气生产和储运环节是否能保证氢气的质量，因为氢气的来源有工业副产氢、天然气重整制氢、水电解制氢、煤制氢等，氢气的储运方式有长管拖车、集装格、管道等。二是为了掌握加氢站的设备和工艺流程是否对原料气的质量造成影响。三是为了保证燃料电池电堆的正常工作，延长质子交换膜的寿命。

2. 氢气泄漏检测系统检测

委托具备资质的第三方检测机构对分布在站内各个部位的氢气泄漏检测探头，按《可燃气体检测报警器检定规程》进行在线检测，以验证检测系统的有效性、敏感性和及时性。

3. 火灾自动报警系统检测

委托具备资质的第三方检测机构对分布在站内各个部位的火焰探测探头，按《火灾自动报警系统施工与验收规范》进行在线检测，以验证报警系统的有效性、敏感性和及时性。

4. 紧急切断系统（ESD）检测

委托具备资质的第三方或自行对分布在站内各个部位的 ESD 按钮进行检验，以验证紧急切断系统的切断和连锁功能是否有效。

5. 安全附件及计量器具的检定或校准

《计量法》规定，用于贸易结算和安全防护的计量器具实行强制检定。加氢站配备有较多的安全阀、压力表、温度表、温度传感器、压力传感器及质量流量计，这些安全附件及计量器具在正式投入使用前应委托当地有资质的第三方检验机构进行检定或校准，注意：产品出厂合格证不能作为检定或校准的依据。

4.2　加氢站经营相关许可规定

4.2.1　加氢站燃气经营许可

加氢站作为为燃料电池汽车提供氢气的经营场所，国务院《城镇燃气管理条例》明确规定：国家对燃气经营实行许可证制度。从事燃气经营活动的企业，应当具备下列条件：

1）符合燃气发展规划要求。

2）有符合国家标准的燃气气源和燃气设施。

3）企业的主要负责人、安全生产管理人员以及运行、维护和抢修人员经专业培训并考核合格。

4）法律、法规规定的其他条件。

符合以上规定条件的，由县级以上地方人民政府燃气管理部门核发燃气经营许可证及燃气供气站点许可证。燃气经营许可证是颁发给加氢站经营企业的；燃气供气站点许可证是颁发给加氢站经营企业下属某个加氢站的，有的省市实行二证合一。

由于目前国内还没有加氢站燃气经营许可的评价标准，有些省市就参照 GB/T 50811—2012《燃气系统运行安全评价标准》[5] 对加氢站的经营许可，按下列要求进行评价。

（1）周边环境评价

1）所处位置与规划的符合性。加氢站所在位置应符合规划的要求，即应有建设工程规划许可证或规划选址意见书。

2）周边道路条件。加氢站周边道路条件应能满足氢气运输、消防、救护、加氢车辆及人员疏散的要求。

3）场站规模与所处的环境的适应性。加氢站的等级划分是否符合《加氢站技术规范》和《汽车加油加气加氢站技术标准》的规定，加氢站所处的环境是否与周边建构筑物、市政、道路、电力、通信等设施相容，尤其应关注加氢站安全评价、消防验收之后周边环境的变化。

4）站内燃气设施与站外建（构）筑物的防火间距。加氢站内设备设施的安全间距与站外建构筑物的安全间距是否符合标准的要求。

5）消防和救护条件。加氢站周边应有合适距离的消防站和医院。

6）噪声。加氢站环境噪声应符合《工业企业厂界环境噪声排放标准》的要求。

（2）总平面布置评价

1）总平面功能分区。加氢站的总平面布置是否按卸车、压缩、储氢、加注、站房等功能合理分区。油氢或气氢合建站是否合理分区，是否存在交叉设置的情况。

2）安全隔离条件。加氢站的站区围墙、长管拖车卸气端的钢筋混凝土实体墙、工艺区隔离栏、防撞柱的设置是否符合标准。

3）站内燃气设施与站内建（构）筑物之间的防火间距。加氢站内设备设施之间的安全间距是否符合标准的要求。

（3）站内道路交通评价

1）场站出入口设置。加氢站进口和出口应分开设置并有明显标志，长管拖车与加氢车辆进出站的交通流向应顺畅，不产生相互干涉。

2）场地大小和道路宽度。长管拖车与加氢车辆行驶车道的宽度应满足要求，要有足够的回车场地和消防紧急撤离通道，通道上不应有阻碍车辆通行的障碍物。

3）路面平整度和路面材质。车辆行驶道路应路面平整，坡度应符合要求。爆炸危险区域的路面材质应采用不发火地坪。

4）路面标线。路面应划有清楚的路面标线，道路边线、中心线、行车方向线、巡检路线、加氢车辆待检区和加氢区等。

5）道路上空障碍物。加氢站道路上空如有架空管道或构筑物，其高度不应低于4.5m并应设有明显的限高标志。

6）防撞措施。加氢机应采取防撞措施，站内其他工艺设施与车辆通道相邻时，相邻的一侧应设置安全防护栏或采取其他防撞措施。

7）进入场站生产区的车辆管理。加氢站应建立严格的车辆管理制度，查验车辆的证照是否齐全、安全措施是否齐备、长管拖车进出站是否有人监护等。

（4）压缩机评价内容

1）运行状态。隔膜或液驱式压缩机应运行平稳、无异常振动和声响、无氢气泄漏、油温油压正常。

2）可靠性。压缩机的运行模式应为一用一备。

3）排气压力与排气温度。排气压力不高于45MPa或90MPa，排气温度应符合工艺参数的要求。

4）润滑系统。润滑油油位、油温、油压应符合工艺参数要求。

5）冷却系统。水冷或风冷系统应符合工艺参数要求。

6）阀门的设置。压缩机进口管道上应设置手动阀、紧急切断阀；出口管道上应设置手动阀、止回阀、紧急切断阀、安全阀。安全阀应连接到放散总管。

7）所处环境。压缩机室或橇体内应整洁干净、无积水、无堆放杂物。

8）排污和废弃物处理。润滑油应有收集装置，严禁直接排入下水道。收集的废油应有专门的存放场所并委托专业危险废物处理机构定期收集处置。

9）防振动措施。管道进出压缩机室或橇体应采取防振动措施。

（5）加（卸）气评价内容

1）加（卸）气车辆的停靠。长管拖车和加氢车辆应停放在指定位置，车位应划有明显的边界线，车辆停稳后应拉上手闸，长管拖车应设置轮挡和防止挂车下坠的托架，车辆在加（卸）氢的过程中严禁移动，加（卸）氢作业完成后车辆应及时离开。

2）加（卸）气车辆和气瓶的资质查验。加氢站应建立加氢车辆气瓶和长管拖车移动压力容器管理档案，严禁对没有办理使用登记或超过检验周期的气瓶加氢，严禁允许没有办理使用登记或超过检验周期的移动压力容器卸氢。

3）加（卸）气操作。加氢站应建立加（卸）气安全操作规程，加（卸）气前应对加氢车辆的车用气瓶和长管拖车的压力容器进行检查，确认正常后方可进行加（卸）气作业。加（卸）气过程中应认真巡检，发现异常情况应立即停止作业。加（卸）气完成后应检查有无泄漏和异常情况，并确认断开连接后车辆方能离开。

4）防静电措施。加氢机及卸气柱应设有静电接地装置，车辆加氢及长管拖车卸气前应联通静电接地装置并保持接触良好。

5）车用气瓶充装压力。加氢车辆加氢前气瓶内的余压不应低于 2MPa，充装压力不应超过车用气瓶的公称工作压力。

6）长管拖车卸气剩余压力。长管拖车卸气后气瓶内的余压不应低于 0.05MPa。

7）加（卸）气软管。加（卸）气软管上应设有拉断阀，软管无破损，无泄漏，应定期进行检查维护，每年不少于一次耐压试验，到了使用年限应及时更换。

8）加氢机的运行状态。加氢机的安全阀、压力表、质量流量计应定期检定或校准，加氢枪与车辆加氢口的连接无泄漏，实施红外通信加注的应通信正常，实施预冷加氢的制冷换热系统应能将氢气预冷到设定温度。

9）卸气柱的运行状态。卸气柱安全阀、压力表应定期检验，管路系统无泄漏，阀门工作正常。

（6）储氢容器评价内容

1）储氢瓶组（罐）安全装置。储氢瓶组（罐）应设有压力表、安全阀、手动阀、紧急切断阀、放散管，并处于正常状态。

2）储氢瓶组（罐）的运行状态。储氢瓶组（罐）固定良好，外观无鼓包和严重锈蚀现象，管路、接头、阀门连接处无泄漏，使用登记证正常张贴。

3）储氢瓶组（罐）的检验。储氢瓶组（罐）应定期检验并在检验有效期内。

（7）工艺管道评价内容

工艺管道应在管架上固定牢固，接头、阀门连接处应无泄漏，气体种类、流向应标识明确，管沟内应无积水。

（8）仪表与自控系统评价内容

一次及二次仪表应准确显示工艺参数，站控系统控制程序应合理、有效。

（9）消防与安全设施评价内容

1）消防设施应定期检验。消火栓消防水量应符合标准，消防器材的种类、数量及摆放位置应符合消防验收的要求，灭火器应在有效期内。

2）氢气泄漏和火焰检测报警系统应定期检测。

3）防雷设施及静电接地应定期检测。

4）紧急切断装置应具有切断、报警和连锁功能。

5）设施设备的防爆性能应定期检验。

（10）氢气质量评价内容

氢气质量应按国标 GB/T 37244—2018《质子交换膜燃料电池汽车用燃料 氢气》的要求定期检测。

4.2.2　加氢站气瓶充装许可

加氢站作为为燃料电池汽车气瓶提供充装服务的场所，国家对属于特种设备的气瓶所从事的充装活动实行许可证制度，并且明确实施特种设备充装单位许可的部门为国家市场监督管理总局和省级人民政府负责特种设备安全监督管理的部门。国家市场监督管理总局颁布了行业规章 TSG 07—2019《特种设备生产和充装单位许可规则》[6]，其中气瓶充装单位许可条件见下文。

（1）一般要求

申请特种设备充装许可的单位应当具有法定资质，具有与许可范围相适应的资源条件，建立并且有效实施与许可范围相适应的质量保证体系、安全管理制度等，具备保障特种设备安全性能的技术能力。

（2）资源条件

申请单位应当具有以下与许可范围相适应，并且满足生产需要的资源条件。

1）人员：包括管理人员、技术人员、检测人员、作业人员等。

2）工作场所：包括场地、厂房、办公场所、仓库等。

3）设备设施：包括生产（充装）设备、工艺装备、检测仪器、试验装置等。

4）技术资料：包括设计文件、工艺文件、施工方案、检验规程等。

5）法规标准：包括法律、法规、规章、安全技术规范及相关标准。

（3）质量保证体系

申请单位应当按照本规则的要求，建立与许可范围相适应的质量保证体系，并且保持有效实施；其中移动式压力容器和气瓶充装单位的质量保证体系应当符合本规则 C3.7、D2.7条的要求。

（4）保障特种设备安全性能和充装安全的技术能力

申请单位应当具备保障特种设备安全性能和充装安全的技术能力，按照特种设备安全技术规范及相关标准要求进行充装活动。

（5）申请气瓶充装许可条件的基本条件

1）充装单位应当取得相关部门（规划、消防部门）的批准，在取得充装许可前，充装站不得对外营业。

2）充装单位的场地、厂房、设备和充装工艺设施应当是具有资质的设计单位设计的。

3）建立健全的质量保证体系，制定适应充装工作需要的事故应急预案，并且能够有效实施。

4）建立和使用气瓶充装质量追溯信息系统，具有自动采集、保存充装记录的信息化平台（仅限易燃有毒气体充装），采用信息化技术对气瓶充装过程进行管理。

5）具备充装介质的储存能力，并且具有符合规定数量的由充装单位办理使用登记的气瓶（车用气瓶、非重复充装气瓶、呼吸用气瓶除外）。

6）充装单位应当具备气瓶维护保养的能力和设施，负责对本单位办理使用登记的气瓶进行标志制作和维护保养。

在国家对加氢站经营许可种类尚未明确的情况下，气瓶充装许可证是目前唯一能证明加氢站从事合法经营活动的文件。由于气瓶充装许可证的取证要求较高，所以在加氢站立项初期就应按取证条件做好规划、消防、工艺设备、人力资源等准备。

4.3 加氢站安全运行管理

为推广氢能的应用，国家虽然已经赋予了氢气的能源属性，但其危化品的属性并未改变。加氢站作为面向社会为公众服务的经营场所，安全管理尤为重要。为贯彻"安全第一、预防为主、以人为本、持续改进"的安全管理方针，确保加氢站安全运行，应建立健全加氢站安全管理制度。人和工艺设备是加氢站的构成要素，安全管理的目的是要保证人和设备不受损害，同时提高加氢站的可靠度与经济性。加氢站安全管理主要包括人的管理和设备的管理，相应的制度约束是保证管理有效性的必要手段，可参照国家标准化指导性技术文件 GB/Z 34541—2017《氢能汽车加氢设施安全运行管理规程》执行。

4.3.1 加氢站人员配备及管理要求

加氢站的人员配备需要满足气瓶充装和燃气经营两个维度的管理规定。

参照国家市场监督管理总局行业规章 TSG 07—2019《特种设备生产和充装单位许可规则》，加氢站的人员配备及要求应满足如下规定。

1）充装单位法定代表人（主要负责人）应当熟悉与气瓶充装安全管理相关的法律、法规、规章和安全技术规范。

2）配备技术负责人 1 人，具有工程师职称，具有气瓶充装管理经验，能够处理一般技术问题，具备组织协调和事故应急处置的能力。

3）每个充装地址应当配备专职安全管理员至少 1 人，并且取得特种设备安全管理人员资格。

4）每个充装地址作业人员（充装人员，下同）每个班次不少于 2 人，并且持有气瓶充装作业人员资格，在气瓶充装作业时，作业人员不得同时兼任检查人员。

5）每个充装地址配备检查人员每个班次至少 1 人，并且取得气瓶充装作业人员资格。

6）配备与气瓶充装相适应的化验人员（如需要），并且经过技术和安全培训，掌握与充装介质相关的知识，检验设备、仪器和仪表的性能以及使用方法。

燃气经营对加氢站人员配备及要求也有相应的规定，不同区域规定有所差异，以上海为例，《上海市燃料电池汽车加氢站建设运营管理办法》中规定：

1）企业主要负责人、安全生产管理人员、特种作业人员应具备相应的安全生产知识和管理、操作能力，并考核合格。其中企业技术负责人还应具有专业中级以上技术职称；专职安全生产管理负责人还应取得注册安全工程师资格。

2）有经培训合格的专业技术人员和专业服务人员，具体如下：加氢站站长，取得安全培训合格证书、消防安全培训合格证书；专职安全管理员，取得安全培训合格证书、特种设备安全管理人员资格证、消防安全培训合格证书；加气工，取得气瓶充装作业人员资格证（气瓶充装）、消防安全培训合格证书。

综上，要实现加氢站的安全正常运营，应设置合理必要的人员结构和岗位职能，加氢站应设立以下主要岗位并明确岗位职责。

1）企业负责人（董事长、总经理、副总经理）岗位职责。

2）站长岗位职责。

3）技术负责人岗位职责。

4）安全管理员岗位职责。

5）设备管理员岗位职责。

6）班组长岗位职责。

7）气瓶充装操作工岗位职责。

8）检查人员岗位职责。

9）压力容器操作人员岗位职责。

10）气体分析工岗位职责。

加氢站运营单位应设立安全教育制度，对加氢站从业人员进行必要的安全生产知识教育培训，使从业人员熟悉有关的安全生产规章制度和安全操作规程，掌握本岗位的安全操作技能；督促从业人员应严格执行本单位的安全生产规章制度和安全操作规程，并向从业人员如实告知作业场所和工作岗位存在的危险因素、防范措施及事故应急措施；应制定详细的安全教育内容及学时安排，包含但不限于安全思想和安全意识教育、遵纪守法教育、安全技术和安全知识教育、安全技能和专业安全技术培训等。未经安全教育或考试不合格的从业人员，不得分配工作。

（1）安全教育

依据加氢站运营单位制定的安全教育制度对人员进行安全培训并全面考核，未经安全教育或考试不合格的，不得分配工作。

（2）技能培训

加氢站运营单位应对运行操作人员进行专业技术教育和培训，并确认工作人员取得相关岗位的作业资质；涉及加氢设施运行的操作人员，应持有效的操作证书方能上岗操作，严禁没有充装证或操作证不符的人员进行相关操作；工作人员操作证与作业内容不符、操作证过期等应视为没有本作业操作证。加氢站运营单位的管理人、技术负责人、设备管理及操作人员等也需到相应的专业培训机构进行专业技术培训，并取得相关部门颁发的上岗证书。

（3）考核、检查

加氢站运营单位应定期对员工的消防、危化品安全和加氢运行等方面的知识及实际操作进行检查并考核，考核不合格的，应下岗再培训，培训合格后方可持证上岗。未经安全生产教育和培训不合格的从业人员，不得上岗作业。

4.3.2 加氢站设备安全管理

加氢站设备安全管理制度应包含并不限于设备管理制度、设备安全操作规程、定期校验制度等。

（1）设备管理制度

加氢站运营单位应根据特种设备及危险化学品等的管理规定及加氢设施的特点，对主要生产设备、安全设备的运行使用、保养维护、应急修复、更换、停止运行、恢复运行报废、备品备件管理等提出安全规定、管理流程等。相关制度包括并不限于以下各项。

1）氢气质量管理制度。

2）压力容器压力管道维护保养制度。

3）卸气柱维护保养制度。

4）压缩机维护保养制度。

5）加氢机维护保养制度。

6）阀组、阀柜及管阀件维护保养制度。

7）计量器具与仪器仪表管理制度

8）设备抢修管理制度。

（2）设备安全操作规程

加氢站运营单位应当结合充装工艺，制定并且实施有关安全操作规程，安全操作规程内容至少包括适用范围，人员条件、设备仪器条件、操作程序和方法、监控参数、巡回检查和异常情况的处理等。加氢站的设施设备不尽相同，有关安全操作规程可包括以下内容。

1）氢气管束车卸气柱安全操作规程。

2）氢气压缩机安全操作规程。

3）仪表气汇流排安全操作规程。

4）气瓶充装检查操作规程。

5）加氢机安全操作规程。

6）电气设备安全操作规程。

7）消防器材安全操作规程。

8）吹扫置换安全操作规程。

9）储氢容器安全操作规程。

10）站控系统安全操作规程。

11）气体分析采样安全操作规程。

12）不合格气瓶处置安全操作规程。

（3）设备应急处置操作规程

我国的应急管理部门、特种设备管理部门及燃气管理部门都要求加氢站的安全操作规程应包括事故应急处置操作规程。加氢站的事故应急处置操作规程主要有以下内容。

1）储氢容器超压应急处置操作规程。

2）安全阀故障应急处置操作规程。

3）站控系统故障应急处置操作规程。

4）泄漏检测及火焰检测报警系统故障应急处置操作规程。

5）仪表故障应急处置操作规程。

6）氢气压缩机泄漏应急处置操作规程。

7）加氢机泄漏应急处置操作规程。

8）储氢容器泄漏应急处置操作规程。

9）氢气管束车泄漏应急处置操作规程。

10）氢气管道泄漏应急处置操作规程。

11）加氢车辆氢气泄漏应急处置操作规程。

12）卸气加氢软管破裂应急处置操作规程。

13）加氢枪卸气柱拉断阀拉脱应急处置操作规程。

14）站内车辆事故应急处置操作规程。

（4）定期检验制度

加氢站使用的消防设备、氢泄漏监测设备、压力容器、压力管道、安全附件、防雷设施、防静电设施、计量器具等设备、装置，应按照相关规定，进行定期检验及检查。以保证其有效性、安全性及使用精度，确保所有相关设备在有效期内使用、备用。加氢站运营单位应制定定期检验制度，并编制定期检验目录，从制定计划、拆检、送检、恢复、失效处理等的全过程规范检验工作。

加氢站常用压力容器、压力管道及安全附件、计量仪表和各种技防、消防设施的检验周期见表4-2。

表4-2 加氢站设施设备检验周期

检验项目	检验周期
压力容器检验	首检3年，后续3~6年
压力管道检验	首检3年，后续3~6年
安全阀检定	1年
压力表温度计检定、校准	半年
氢气泄漏探头检测（包括便携式）	1年
防雷及静电接地检测	防爆区半年，非防爆区1年
加氢机计量检定	1年
火焰探头检测	1年
卸气、加氢软管检验	1年
防爆检测	3年
消防设施检测	1年

4.3.3　加氢站其他运行管理规定

加氢站运行的涉及面较广，为使加氢站能正常运转，满足车辆加氢的需要，除上述人员与设备相关管理制度外，还应建立包括并不限于以下运行管理制度：交接班管理制度、档案管理制度、访客管理制度、承包商管理制度、车辆进出管理制度、作业许可管理制度、加氢站数据采集与监测管理制度等。

加氢站的运行过程还应保存完整的运行记录，记录文件包括并不限于：安全防火培训考核记录表、级安全防火培训考核记录表、安全教育培训记录、交接班及班前会记录表、每日安全检查确认表、用户信息反馈表、管束车进出站检查确认表、氮气集装格记录表、不合格气瓶处理记录、加氢站外来人员登记表、消防器材维保记录、管束车记录表、加氢车辆充装检查记录表、压缩机运行记录表、加氢站巡检记录表等。

4.4　加氢站安全应急预案

加氢站涉及易燃易爆气体、高压固定压力容器和移动压力容器作业，又是面向社会为公众服务的窗口，科学制订并有效实施安全应急预案是十分必要的。2016 年 6 月 3 日国家安全生产监督管理总局颁布了《生产安全事故应急预案管理办法》，主要包括以下内容。

1）为规范生产安全事故应急预案管理工作，迅速有效处置生产安全事故，依据《中华人民共和国突发事件应对法》《中华人民共和国安全生产法》《生产安全事故应急条例》等法律、行政法规和《突发事件应急预案管理办法》（国办发〔2013〕101 号）制定本办法。

2）生产安全事故应急预案（以下简称应急预案）的编制、评审、公布、备案、实施及监督管理工作，适用本办法。

3）应急预案的管理实行属地为主、分级负责、分类指导、综合协调、动态管理的原则。

4）生产经营单位主要负责人负责组织编制和实施本单位的应急预案，并对应急预案的真实性和实用性负责；各分管负责人应当按照职责分工落实应急预案规定的职责。

5）生产经营单位应急预案分为综合应急预案、专项应急预案和现场处置方案。

综合应急预案，是指生产经营单位为应对各种生产安全事故而制定的综合性工作方案，是本单位应对生产安全事故的总体工作程序、措施和应急预案体系的总纲。

专项应急预案，是指生产经营单位为应对某一种或者多种类型生产安全事故，或者针对重要生产设施、重大危险源、重大活动防止生产安全事故而制定的专项性工作方案。

现场处置方案，是指生产经营单位根据不同生产安全事故类型，针对具体场所、装置或者设施所制定的应急处置措施。

4.4.1　加氢站应急预案的编制

1）应急预案的编制应当遵循以人为本、依法依规、符合实际、注重实效的原则，以应急处置为核心，明确应急职责、规范应急程序、细化保障措施。

2）应急预案的编制应当符合下列基本要求。

① 有关法律、法规、规章和标准的规定。

② 本地区、本部门、本单位的安全生产实际情况。

③ 本地区、本部门、本单位的危险性分析情况。

④ 应急组织和人员的职责分工明确，并有具体的落实措施。

⑤ 有明确、具体的应急程序和处置措施，并与其应急能力相适应。

⑥ 有明确的应急保障措施，满足本地区、本部门、本单位的应急工作需要。

⑦ 应急预案基本要素齐全、完整，应急预案附件提供的信息准确。

⑧ 应急预案内容与相关应急预案相互衔接。

3）编制应急预案应当成立编制工作小组，由公司/加氢站有关负责人任组长，吸收与应急预案有关的职能部门和单位的人员，以及有现场处置经验的人员参加。

4）编制应急预案前，公司/加氢站应当进行事故风险辨识、评估和应急资源调查。事故风险辨识、评估，是指针对不同事故种类及特点，识别存在的危险危害因素，分析事故可能产生的直接后果以及次生、衍生后果，评估各种后果的危害程度和影响范围，提出防范和控制事故风险措施的过程。应急资源调查，是指全面调查本地区、本单位第一时间可以调用的应急资源状况和合作区域内可以请求援助的应急资源状况，并结合事故风险辨识评估结论制定应急措施的过程。

5）公司/加氢站应当根据有关法律、法规、规章和相关标准，结合本单位组织管理体系、生产规模和可能发生的事故特点，与相关预案保持衔接，确立本单位的应急预案体系，编制相应的应急预案，并体现自救互救和先期处置等特点。

6）公司/加氢站风险种类多、可能发生多种类型事故的（如各种合建站、制加氢一体站、液气氢一体站），应当组织编制综合应急预案。综合应急预案应当规定应急组织机构及其职责、应急预案体系、事故风险描述、预警及信息报告、应急响应、保障措施、应急预案管理等内容。

7）对于某一种或者多种类型的事故风险，公司/加氢站可以编制相应的专项应急预案，或将专项应急预案并入综合应急预案。专项应急预案应当规定应急指挥机构与职责、处置程序和措施等内容。

8）对于危险性较大的场所、装置或者设施，公司/加氢站应当编制现场处置方案。现场处置方案应当规定应急工作职责、应急处置措施和注意事项等内容。事故风险单一、危险性小的公司或加氢站，可以只编制现场处置方案。

9）公司/加氢站应急预案应当包括向上级应急管理机构报告的内容、应急组织机构和人员的联系方式、应急物资储备清单等附件信息。附件信息发生变化时，应当及时更新，确保准确有效。

10）公司/加氢站在应急预案编制过程中，应当根据法律、法规、规章的规定或者实际需要，征求相关应急救援队伍、公民、法人或者其他组织的意见。

11）公司/加氢站编制的各类应急预案之间应当相互衔接，并与相关人民政府及其部门、应急救援队伍和涉及的其他单位的应急预案相衔接。

12）公司/加氢站应当在编制应急预案的基础上，针对工作场所、岗位的特点，编制简明、实用、有效的应急处置卡。

　　应急处置卡应当规定重点岗位、人员的应急处置程序和措施，以及相关联络人员和联系方式，便于从业人员携带。

　　2021 年，全国安全生产标准化技术委员会又颁布了国家标准 GB/T 29639—2020《生产经营单位生产安全事故应急预案编制导则》，规定了生产经营单位生产安全事故应急预案的编制程序、体系构成和综合应急预案、专项应急预案、现场处置方案的主要内容以及附件信息；适用于生产经营单位生产安全事故应急预案（以下简称应急预案）编制工作[7]。

　　加氢站应急预案目录明细示例如图 4-5 所示。

---

1. 颁布令
2. 规范性引用文件
3. 术语和定义
4. 应急预案编制程序
　（1）成立应急预案编制工作组
　（2）资料收集
　（3）开展风险评估
　（4）应急资源调查
　（5）应急预案编制
　（6）应急预案桌面推演
　（7）应急预案评审
　（8）应急预案修订
　（9）应急预案备案
　（10）批准实施
　（11）应急预案培训
　（12）应急预案演练
5. 应急预案体系文件
　（1）概述
　（2）综合应急预案
　　　1）总则
　　　2）应急组织机构及职责
　　　3）应急响应
　　　4）后期处置
　　　5）应急保障
　（3）专项应急预案
　　　1）火灾、爆炸事故专项应急预案
　　　2）氢气泄漏事故专项应急预案
　　　3）灾害性天气专项应急预案
　　　4）触电事故专项应急预案
　　　5）压力容器伤害事故专项应急预案
　（4）现场处置方案
　　　1）加氢站氢气泄漏事故现场处置方案
　　　2）加氢站初期火灾事故现场处置方案

　　　3）加氢站车辆伤害事故现场处置预案
　　　4）加氢站触电伤害事故现场处置预案
　　　5）加氢站储氢罐、管束车伤害事故现场处置预案
　　　6）加氢站防恐防暴现场处置预案
　（5）事故风险描述
　　　1）加氢站概况
　　　2）风险评估结果
　　　3）应急预案体系与衔接
　　　4）应急救援物资清单
　　　5）有关应急部门、机构、人员联系方式
　　　6）格式化文本
　　　7）关键的线路、标识和图纸
　　　8）加氢站总平面图、工艺流程图
　（6）附录
　　　1）加氢站生产安全事故风险评估报告
　　　2）加氢站生产安全事故应急资源调查报告

图 4-5　加氢站应急预案目录明细示例

4.4.2 应急预案的评审、公布和备案

1）地方各级人民政府应急管理部门应当组织有关专家对公司/加氢站编制的应急预案进行审定。参加应急预案评审的人员应当包括有关安全生产及应急管理方面的专家。

2）参加应急预案评审的人员应当包括有关安全生产及应急管理方面的专家。评审人员与所评审应急预案的公司/加氢站有利害关系的，应当回避。

3）公司/加氢站的应急预案经评审或者论证后，由公司/加氢站主要负责人签署，向本单位从业人员公布，并及时发放到本单位有关部门、岗位和相关应急救援队伍。事故风险可能影响周边其他单位、人员的，生产经营单位应当将有关事故风险的性质、影响范围和应急防范措施告知周边的其他单位和人员。

4）易燃易爆物品、危险化学品等危险物品的生产、经营、储存、运输单位，应当在应急预案公布之日起20个工作日内，按照分级属地原则，向县级以上人民政府应急管理部门和其他负有安全生产监督管理职责的部门进行备案，并依法向社会公布。

5）公司/加氢站申报应急预案备案，应当提交下列材料。

① 应急预案备案申报表。

② 应急预案评审意见。

③ 应急预案电子文档。

④ 风险评估结果和应急资源调查清单。

4.4.3 应急预案的实施

1）公司/加氢站应当组织开展本单位针对应急预案、应急知识、自救互救和避险逃生技能的培训活动，使有关人员了解应急预案内容，熟悉应急职责、应急处置程序和措施。

应急培训的时间、地点、内容、师资、参加人员和考核结果等情况应当如实记入本单位的安全生产教育和培训档案。

2）公司/加氢站应当制定本单位的应急预案演练计划，根据本单位的事故风险特点，每年至少组织一次综合应急预案演练或者专项应急预案演练，每半年至少组织一次现场处置方案演练。

3）易燃易爆物品、危险化学品等危险物品的生产、经营、储存、运输单位，应当至少每半年组织一次生产安全事故应急预案演练，并将演练情况报送所在地县级以上地方人民政府负有安全生产监督管理职责的部门。

4）应急预案演练结束后，公司/加氢站应当对应急预案演练效果进行评估，撰写应急预案演练评估报告，分析存在的问题，并对应急预案提出修订意见。

5）公司/加氢站应当建立应急预案定期评估制度，对预案内容的针对性和实用性进行分析，并对应急预案是否需要修订作出结论。

6）易燃易爆物品、危险化学品等危险物品的生产、经营、储存、运输企业应当每3年进行一次应急预案评估。应急预案评估可以邀请相关专业机构或者有关专家、有实际应急救援工作经验的人员参加，必要时可以委托安全生产技术服务机构实施。

7）有下列情形之一的，应急预案应当及时修订并归档。

① 依据的法律、法规、规章、标准及上位预案中的有关规定发生重大变化的。

② 应急指挥机构及其职责发生调整的。

③ 安全生产面临的风险发生重大变化的。

④ 重要应急资源发生重大变化的。

⑤ 在应急演练和事故应急救援中发现需要修订预案的重大问题的。

⑥ 编制单位认为应当修订的其他情况。

8）应急预案修订涉及组织指挥体系与职责、应急处置程序、主要处置措施、应急响应分级等内容变更的，修订工作应当参照应急预案编制程序进行，并按照有关应急预案报备程序重新备案。

9）公司/加氢站应当按照应急预案的规定，落实应急指挥体系、应急救援队伍、应急物资及装备，建立应急物资、装备配备及其使用档案，并对应急物资、装备进行定期检测和维护，使其处于适用状态。

10）加氢站发生事故时，应当第一时间启动应急响应，组织有关力量进行救援，并按照规定将事故信息及应急响应启动情况报告事故发生地县级以上人民政府应急管理部门和其他负有安全生产监督管理职责的部门。

11）生产安全事故应急处置和应急救援结束后，事故发生单位应当对应急预案实施情况进行总结评估。

4.4.4　应急预案的监督管理

1）公司/加氢站应当将应急预案工作纳入应急管理部门年度监督检查计划，明确检查的重点内容和标准，并严格按照计划开展执法检查。

2）对于在应急预案管理工作中做出显著成绩的单位和人员，应急管理部门、公司/加氢站可以给予表彰和奖励。

4.5　加氢站质量保证体系

建立质量保证体系是确保加氢站安全运营的关键，也是取得"气瓶充装许可证"和"燃气经营许可证"的必要条件。国家市场监督管理总局 2019 年颁布的《特种设备生产和充装单位许可规则》明确要求，申请单位应当按照本规则的要求，建立与许可范围相适应的质量保证体系，并且保持有效实施[6]。加氢站在进行充装许可证评审时，质量管理手册是最重要的内容。加氢站质量管理手册目录明细示例如图 4-6 所示。

公司简介	（2）适用范围	第二章　质量方针与目标
颁布令	（3）管理手册要求	第三章　组织机构
任命书	（4）管理手册内容	第四章　安全质量管理网络
第一章　质量管理手册适用范围	（5）管理原则	第五章　加氢站工艺流程
及说明	（6）引用法规及标准	第六章　充装要素控制
（1）总则	（7）手册的修订	（1）文件与记录控制

图 4-6　加氢站质量管理手册目录明细示例

111

（2）充装介质质量控制

（3）人员管理

（4）充装工作质量控制

（5）充装信息采集处理程序

（6）服务质量控制

（7）安全管理程序

（8）设备管理程序

第七章 岗位责任制

（1）职责与权限

（2）岗位职责

1）董事长、总经理岗位职责

2）技术负责人岗位职责

3）安全管理员岗位职责

4）设备管理员岗位职责

5）加氢站站长岗位职责

6）班长岗位职责

7）气瓶充装操作工岗位职责

8）气瓶充装检查人员岗位职责

9）设备维修工岗位职责

10）压力容器操作人员岗位职责

11）气体分析操作人员岗位职责

第八章 安全管理制度

（1）总则

（2）安全管理内容与要求

1）安全生产责任制

2）安全教育管理制度

3）安全培训考核管理制度

4）安全生产管理制度

5）特种设备安全管理制度

6）控制机房安全管理制度

7）配电间安全管理制度

8）电气安全管理制度

9）防雷防静电设施管理制度

10）消防安全管理制度

11）安全检查管理制度

12）安全事故管理制度

13）安全隐患排查治理制度

14）安全会议管理制度

15）安全生产奖惩制度

16）安全应急预案演练制度

17）防恐防暴管理制度

18）接受安全监察管理制度

19）安全风险管理制度

20）安全评价管理制度

21）安全设施定期检验制度

22）安全巡检管理制度

23）关键装置、重点部位安全管理制度

24）安全应急预案管理制度

25）安全费用预算管理制度

26）劳动防护用品管理制度

27）危险废物安全管理制度

28）危险化学品安全管理制度

第九章 运行管理制度

1）氢气质量管理制度

2）仪表气质量管理制度

3）设备设施维修保养制度

4）压力容器压力管道维护保养制度

5）卸气柱维护保养制度

6）压缩机维护保养制度

7）冷水机维护保养制度

8）加氢机（35/70MPa）维护保养制度

9）制冷机/换热器维护保养制度

10）柔性管道管理制度

11）不合格气瓶管理制度

12）客户信息反馈制度阀组

13）阀柜及管阀件维护保养制度

14）仪表气汇流排维护保养制度

15）计量器具与仪器仪表管理制度

16）设备抢修管理制度

17）交接班管理制度

18）档案管理制度

19）访客管理制度

20）承包商管理制度

21）车辆进出管理制度

22）警示标志标线管理制度

23）用电管理制度

24）工业卫生和环境卫生管理制度

25）作业许可管理制度

26）气瓶充装管理制度

27）加氢站数据采集与监测管理制度

28）车用气瓶安全监管平台管理制度

29）气体分析管理制度

第十章 安全操作规程

1）氢气管束车卸气柱安全操作规程

2）氢气压缩机（隔膜、液驱、离子液）安全操作规程

3）冷水机安全操作规程

4）车辆加氢安全操作规程

5）仪表气汇流排安全操作规程

6）气瓶充装检查操作规程

7）气瓶充装安全操作规程

8）加氢机（35/70MPa）安全操作规程

9）制冷机/换热器安全操作规程

10）电气设备安全操作规程

11）消防器材安全操作规程

12）吹扫置换安全操作规程

13）储氢容器安全操作规程

14）站控系统安全操作规程

15）气体分析采样安全操作规程

16）不合格气瓶处置安全操作规程

图 4-6　加氢站质量管理手册目录明细示例（续）

课后习题

简答题

1. 加氢站建设工程竣工后需要进行哪些方面的验收？

2. 加氢站的运营需要获得什么行政许可？

3. 加氢站对人员配备有什么要求？

4. 加氢站的安全管理制度主要有哪些？

参 考 文 献

［1］中华人民共和国工业和信息化部. 加氢站技术规范：GB 50516—2010（2021 年版）［S］. 北京：中国计划出版社，2021.

［2］中国电力企业联合会. 电气装置安装工程 爆炸和火灾危险环境电气装置施工及验收规范：GB 50257—2014［S］. 北京：中国计划出版社，2015.

［3］中国国家标准化管理委员会. 建筑物防雷装置检测技术规范：GB/T 21431—2015［S］. 北京：中国标准出版社，2019.

［4］中国国家标准化管理委员会. 质子交换膜燃料电池汽车用燃料 氢气：GB/T 37244—2018［S］. 北京：中国标准出版社，2018.

［5］中国住房和城乡建设部. 燃气系统运行安全评价标准：GB/T 50811—2012［S］. 北京：中国建筑工业出版社，2012.

［6］国家市场监督管理总局. 特种设备生产和充装单位许可规则：TSG 07-2019［S］. 2019.

［7］国家标准化管理委员会. 生产经营单位生产安全事故应急预案编制导则：GB/T 29639—2020［S］. 北京：中国标准出版社，2020.

第 5 章　加氢站设备和维护

如本书第 2 章所介绍，加氢站根据氢气来源、加注压力、氢气存储状态等不同，可以划分为外部供氢加氢站和站内制氢加氢站、35MPa 加氢站和 70MPa 加氢站、液氢加氢站和高压气态氢加氢站[1]。目前，我国已建成加氢站大部分为外供氢型的高压气态氢加氢站，其主要设备包括：压缩机、储氢瓶组（罐）、加氢机、卸气柱、顺序控制阀组、氮气吹扫装置、控制系统、监控装置等[2]。其中，压缩机、储氢罐、加氢机属于加氢站的关键设备，且这三大设备成本直接影响加氢站建设总体成本的高低。本章重点介绍外供氢型高压气态加氢站内关键设备的基本原理和主要结构特点，了解设备核心零部件和易损件，初步掌握设备维护方法。

5.1　氢气压缩机

实际生产中，氢气是经由压缩后注入储氢系统中，所以氢气压缩技术在实际应用环节中必不可少，氢气压缩机的输出压力和气体封闭性是氢气压缩机的重要的性能指标，同时相比加氢站其他两大件（储氢罐、加氢机），压缩机也是成本最高的设备，所以其必须具备承压大、安全和密封性好的特质，同时还要防止氢脆现象[3]（氢脆现象是指溶于钢中的氢，聚合为氢分子，造成应力集中，超过钢的强度极限，在钢内部形成细小裂纹，通常表现为应力作用下的延迟断裂现象），并尽可能减少能耗。

5.1.1　氢气压缩机简介

目前，我国氢气压缩机应用较为成熟主要有隔膜式压缩机、液驱式压缩机及离子液压缩机[4]。本节重点介绍这三种压缩机的工作原理及结构特点。

1. 隔膜式压缩机

隔膜式压缩机是气体压缩领域中级别最高的特殊结构容积式压缩机[5]，隔膜式压缩机的密封性能非常好，气缸也不需要润滑，所以压缩介质不与任何润滑剂接触，这使得隔膜压缩机可以压缩纯度极高的气体[6]，适于压缩高纯度、稀有贵重（如氖、氦）、易燃易爆（如乙烯、丙烷）、有毒有害（如氯、氯化氢）、具有腐蚀性以及高压等气体[5]。其中，该种压缩机按照其缸体部件的结构形式、组成形式不同可分为 L、Z、V、P 等 4 种类型，压缩机实物如图 5-1 所示。

a）L 型隔膜压缩机

b）V 型隔膜压缩机

c）Z 型隔膜压缩机

d）P 型隔膜压缩机

图 5-1　隔膜式压缩机

　　L 型隔膜压缩机的立、卧缸组成 L 形，其形状类似字母"L"；Z 型隔膜压缩机仅包含立缸，此类结构形式为 Z 形；V 型隔膜压缩机的左、右缸组成 V 形，其形状类似字母"V"；P 型隔膜压缩机为对称平衡型结构形式，其缸体部件的数量有二缸、三缸和四缸的。

　　隔膜压缩机的主要结构有箱体组件、曲轴组件、连杆组件、十字头组件、活塞组件、气缸组件、气管路组件、底盘组件、冷却器组件等组成。隔膜压缩机主要通过油缸活塞推动工作油液，使得膜片在模腔内做往复运动[7]。然后，气腔容积作规律变化，在吸、排气阀配合工作的条件下，以实现压缩输送气体的目的[8]，如图 5-2 所示。

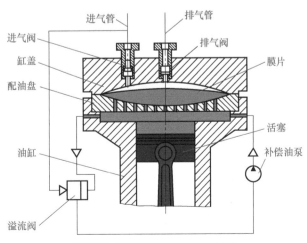

图 5-2　隔膜压缩机结构示意图

该压缩机工作具体过程是以活塞上止点为起始点，曲轴转动时，活塞向下运动，膜片随油液下沉，并在自身弹力的作用下恢复到平衡位置[9]。当气缸容积逐渐增大，残留在空隙中的气体膨胀，继而吸入气体；当活塞行至下止点时，膜片到达下极限位置，气缸中吸气过程完成。随后活塞向上运动，驱动油液，从配油盘上的许多小孔均匀地分布在膜片上，推动膜片向上变形，随后气缸中气体开始压缩，当压力高于排气管道中的气体压力时，排气阀自动开启、气体被压出，接着油压继续上升，迫使膜片紧贴缸盖曲面，排净气体，排气过程结束[10]。吸、排气阀的配合使膜片每振动一次，气缸中就完成一次膨胀、吸气、压缩和排气的过程，继而循环进行机械运动[9]。压缩机工作原理示意图如图 5-3 所示。

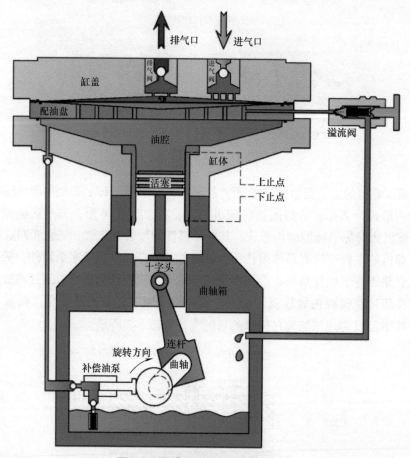

图 5-3　隔膜式压缩机工作原理图

隔膜压缩机的基本优点如下[11]：

1）隔膜压缩机的气体压缩凹腔是一组三层或者多层金属膜片通过静密封将活塞驱动、液压润滑油、气体压缩工艺部分完全分开，在技术上实现驱动系统、润滑部分不吸入气体，润滑油不进入气体压缩腔，使得气体压缩过程中无污染、无泄漏。

2）隔膜压缩机具有较好的传热效果。其气体的压缩热传热主要通过三种途径：

① 液压油的循环回路中有冷却器，金属膜片传热到油侧进行散热。

②隔膜头气侧端盖传热及端盖与周围环境空气的热扩散效应。

③气体排出压缩腔时带着一部分热量（高温气体），通过气体冷却器进行热交换冷却至常温。

3）隔膜头的特殊设计使得隔膜压缩机体积效率最高，仅气侧端盖中凹腔到吸气和排气安装位置的通径小孔、进气阀、排气阀内部有余隙外，没有其他余隙。

4）隔膜头有专门技术设计结构，使得气侧膜片、油侧膜片会被实时监控，一旦破裂瞬间实现压缩机连锁停机，达到防止油、气两侧接触的目的。

5）隔膜压缩机可以实现高压和超高压排气。

隔膜压缩机的基本缺点如下[11]：

1）隔膜头受限于大小、材料、结构等因素，隔膜压缩机吸气能力有限，其吸气能力直接与进气压力、温度有关。

2）隔膜压缩机内的工艺气体要求无固体颗粒杂质、露点低，否则运行过程中会对压缩机造成机械磨损甚至产生运行故障。

3）多级（含2级）压缩的隔膜压缩机平稳运行需前后条件相对稳定。

4）隔膜压缩机频繁启/停会直接导致隔膜片的使用寿命缩短。

2. 液驱式压缩机

液驱式压缩机是以液压油为驱动介质驱动侧活塞带动气体加压活塞运动，实现气体吸入、推出[12]。液驱式压缩机为双头，活塞1个往复循环可以实现2次加压，所以液驱式压缩机加压效率高。液压缸体连接一个液压油单元，提供动力。

液驱式压缩机的优点是技术成熟、工业经验丰富、压力范围大、系统结构简单，工作过程中气体和润滑油不接触。但它受到自身结构限制，仅适用于中小排量和高压的工况。液驱式压缩机的设计图如图5-4所示，液驱式压缩机结构原理图如图5-5所示。

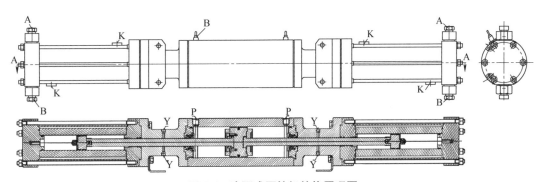

图 5-4　液驱式压缩机结构原理图

液驱式压缩机采用传统活塞结构，活塞与缸体之间采用高分子耐磨材料密封，因为没有使用润滑油，所以也不会对氢气造成污染。同时活塞结构相较于金属膜片结构不需要严密的压差控制，设备保养相较容易。液驱式压缩机的气体缸筒通常为双层结构，外层缸筒内可以通入冷却液对内部高压缸筒进行冷却，通过缸筒传热对高压气体进行冷却。液驱式压缩机的单级压缩比小，排气压力低，但可多级串并联达到大排气量，且进气压力范围较宽，允许压缩比在一定范围内变化。

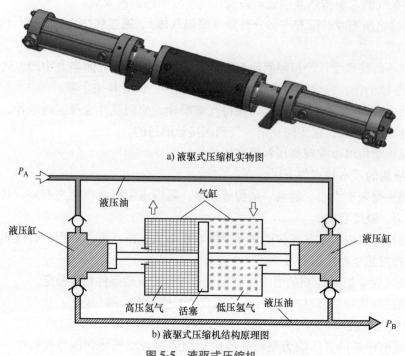

a) 液驱式压缩机实物图

b) 液驱式压缩机结构原理图

图 5-5　液驱式压缩机

液驱式压缩机有以下特点[11]：

1）液驱式压缩机的液压缸体连接一个液压油单元，提供动力。压缩机没有曲轴箱体，所以压缩机维护率低、维护简单、快捷。

2）气体压缩腔、缸体活塞密封材料和气缸和液压缸之间都使用了特殊材料、填料，确保气体不泄漏，同时液压油也不会泄漏到气缸侧，并且实时监控气体泄漏和液压油泄漏，保证气体无污染压缩。

3）排气压力高，小分子气体（如氢气和氦气）最高排气压力可达到100MPa，其他气体排气压力可以更高。

4）每天可不计数频繁启/停，也可直接启动正常运行，同时适用于带载启/停。

5）液驱式压缩机没有曲轴箱体，结构简单、占用空间小，可适合于集装箱体安装。液压油驱动单元一般在非防爆区安装，危险区域内安装需选择防爆型液压油驱动单元和压缩机一起安装。

6）压缩能力可通过自动调节活塞往复频率来实现5%~100%的调节范围。

7）由于气缸中的活塞采用自由浮动式，所以更换活塞和填料的操作较为简单，根据压缩机大小规格不同，维护时间一般需要10~30min。

8）由于液驱式压缩机密封性要求高，所以密封圈损坏和老化比较常见，且更换周期快、维护费用高、噪声大。

3. 离子液压缩机

离子液压缩机的基本工作原理是采用特殊的液体取代了传统的金属活塞压缩，与普通活塞反复交换运动原理相似，通过反复运动，气体在气缸中被压缩。离子液压缩机可以通过设置多级气缸，实现合理的压缩比和较为宽的压缩范围。液压驱动也提高了系统整体的安全性，并且整个压缩系统的压缩效率比传统压缩机高约 25%[13]。此外，离子液压缩机构造简单，相比于普通压缩机，其所需零部件由 500 个减少为 8 个[14]。离子液压缩机已经被验证有效并在世界多个加氢站中开始运行，图 5-6 所示为运用于加氢站中的氢气离子液压缩机。

离子液压缩机的优点有：

1）接近 100% 的能量转换效率。

2）通过多级气缸，可实现合理的压缩比和较宽的压缩范围。

3）能耗低、降低了噪声污染。

4）使用离子液体减少磨损，延长了使用寿命。

5）材料成本和维护成本低。

6）液压驱动保证了系统整体的安全性。

离子液压缩机运用于加氢站时需要具备多级压缩能力，以应对加氢站多级储气系统，但是多级气缸的布置就会造成较高的设备成本。

图 5-6　离子液压缩机

4. 各类压缩机对比分析

隔膜式压缩机、液驱式压缩机和离子液压缩机是加氢站常用压缩机类别，特别是隔膜式压缩机和液驱式压缩机应用更多。三者性能对比见表 5-1[15]。

表 5-1　隔膜式压缩机、液驱式压缩机和离子液压缩机三者性能对比

类型	优势	劣势
隔膜式压缩机	• 气体纯净度高 • 相对余隙很小 • 压缩过程散热良好 • 国内加氢站应用较广[11]	• 单机排气量相对较小 • 进口设备费用较高，约为国产设备的 2 倍 • 频繁停启易降低压缩机寿命
液驱式压缩机	单机排气量相对较大	氢气可能会受到污染
离子液压缩机	• 构造简单，维护方便 • 能耗较低	• 制造标准与国内不同，引进手续烦琐 • 价格较高

5. 其他压缩机

活塞式压缩机（又称"往复活塞式压缩机"或"往复式压缩机"）属容积型压缩机，是一种依靠活塞往复运动使气体增压和输送气体的压缩机[16]，可用于氢气压缩，但活塞式压缩机由于结构问题，在活塞往复运动中会对氢气造成污染，且容易造成氢气泄漏，还存在排气温度过高等问题。它主要结构包括工作腔、传动部件、机身及辅助部件[17]，其中工作腔用作压缩气体，由气缸、气缸套、气阀、填料、活塞及活塞杆组成[18]。另外，活塞由活塞杆带动在气缸内做往复运动，活塞两侧的工作腔容积大小轮流作相反变化，容积减小一侧气体因压力增高通过气阀排出，容积增大一侧因气压减小通过气阀吸进气体，传动部件用以实现往复运动[17]。

另外，新型压缩机还有电化学型压缩机、金属氢化物压缩机、线性压缩机及吸收型压缩机，但这几种压缩机尚处于研究阶段，未有实践应用情况，更未在加氢站实际建设中有应用。未来氢气压缩机技术的发展趋势主要为紧凑型、低成本、低能耗、高压力、大排量，尤其是国产化应用将会得到很大的发展，为加氢站建设成本降低提供更多的可能性[19]。

5.1.2 核心零部件

压缩机是加氢站的核心三大设备之一，其性能的好坏直接影响到加氢站运行的可靠性和经济性。目前，隔膜式压缩机也是加氢站常用的氢气压缩机，下面就隔膜式压缩机核心零部件做主要介绍。

1. 气缸组件

气缸组件主要零件有缸盖、膜片、配油盘、缸体等（图 5-7）。缸盖与配油盘中间夹有膜片，且缸盖与配油盘上各有一形状特殊的曲面[20]，缸盖曲面与膜片之间组成气腔，缸盖上装有进、排气阀，排气阀居于缸盖的中心[21]，配油盘上均匀地布有油孔，使液压缸内油压均匀地传给膜片。

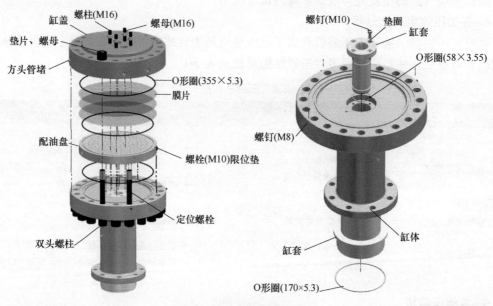

图 5-7　气缸组件结构示意图

2. 调压阀

调压阀为液压专用阀门，主要零件有阀座、阀、阀体、调节螺钉、弹簧等（图 5-8）。调压阀弹簧的弹力控制液压缸的油压[21]，当油压高于规定值时，可反时针拧动调节螺钉放松弹簧；当油压低于规定值时，可顺时针拧动调节螺钉压紧弹簧；当油压符合规定值时，用锁母将调节螺钉锁死。液压缸油压应始终高于排气压力的 10%～20%[22]，油气压差值不得小于 0.3MPa，不得大于 1.5MPa[23]。

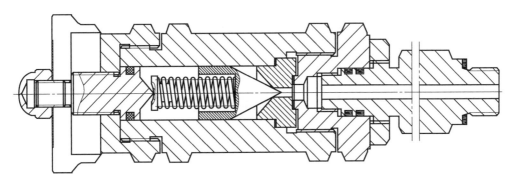

图 5-8　调压阀结构示意图

3. 箱体

曲轴箱与中体组成对动型机身箱体（图 5-9）[24]。两侧中体处设置十字头滑道，顶部为开口式，便于主轴承、曲轴和连杆的安装。十字头滑道两侧开有方孔，用于安装、检修十字头。顶部开口处为整体盖板，并设有呼吸器，使机身内部与大气相通，机身下部的容积作为油池，可贮存润滑油[24]。

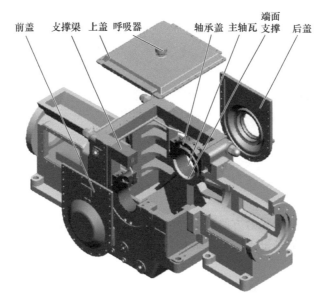

图 5-9　箱体结构示意图

4. 曲轴

曲轴主要由主轴颈、曲柄销和曲柄臂三部分组成，其相对列曲拐错角为 180°[25]。曲轴功率输入端带有联轴器，输入扭矩通过联轴器及螺栓来传递。曲轴轴向定位是由功率输入端的第一道主轴颈上的定位台与端面支撑（定位环）来完成的，以防止曲轴的轴向窜动，定位端留有轴向热膨胀间隙[24]。曲轴是钢件锻制加工成的整体实心结构，轴体内不钻油孔，以减少应力集中现象（图 5-10）[26]。

图 5-10　曲轴结构示意图

5. 连杆

连杆分别由连杆大头瓦盖、连杆体组成，并由两根抗拉螺栓连成一体，其中连杆大头瓦为剖分式[24]，大头孔内侧表面镶有圆柱销，用于大头瓦径向定位，防止轴瓦转动；连杆小头及小头衬套为整体式。连杆体沿杆体轴向钻有油孔，并与大小头瓦背环槽连通（图 5-11）[26]。

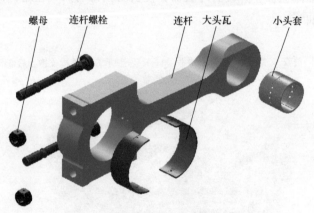

图 5-11　连杆结构示意图

连杆螺栓必须有足够预紧力方能确保连杆安全可靠地传递交变载荷，其预紧力的大小是通过连杆螺栓紧固后的伸长量来调节。轴套外径必须与连杆体压紧，并应全面贴合[26]。

6. 十字头

十字头为双侧圆筒形分体组合式结构，十字头体和上下两个可拆卸的滑履采用榫槽定位，并借助螺钉连接成一体[27]。滑履与十字头之间装有调整垫片，机身两侧十字头受侧向力方向相反；制造厂组装时，需将受力相反的十字头与滑履间垫片数量进行调整，从而保证十字头与活塞杆运行时同轴[28]。十字头销为直形销，安装固定于十字头销孔中，销体内分布轴向和径向油孔，用于润滑油的输送（图 5-12）[27]。

7. 补偿油泵

补偿油泵主要由柱塞、弹簧、注油阀、排油阀等零件组成（图 5-13）。装于曲轴末端的偏心套使柱塞作往复运动[21]。柱塞行程为 6mm，行程次数与曲轴转速相同，柱塞往上运动时，由泵站提供的液压油，经注油阀注入补油泵；柱塞往下运动时，将液压油经排油阀排出，从柱塞和柱塞套间隙中泄漏的液压油经补偿油泵上的回油孔返回曲轴箱[22]。

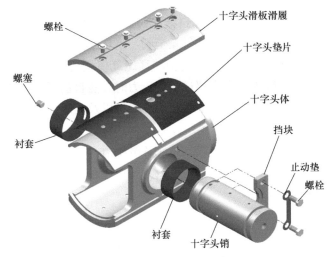

图 5-12　十字头结构示意图

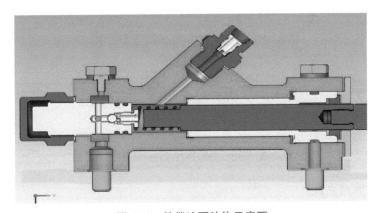

图 5-13　补偿油泵结构示意图

8. 液压检测机构

液压缸排油压力检测机构由仪表板上的耐振压力表、针形阀和单向阀所组成（图 5-14）。耐振压力表的表壳内完全密封，内充阻尼液体，内部结构全部浸在阻尼液中，通过阻尼液的黏性作用，使表针指示平稳[9]。装于耐振压力表下面的针形阀可根据被测油压的脉动幅度进行调节。通过适当改变针阀旋入锥孔的深度，减轻脉动的油压对压力表的瞬时性冲击，可延长压力表的寿命[20]。但由于针阀的压力损失，会使压力表测出的压力数值略低于实际值，使用时应在保证较小的压力损失，使压力表指针摆动幅度较小，指针上升速度减缓进行[21]。

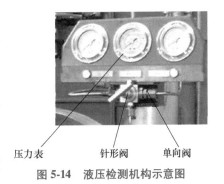

图 5-14　液压检测机构示意图

9. 管路部分

管路部分包括气体管路系统、冷却水管路系统、油路系统。

（1）气体管路系统

气体管路系统包括从压缩机一级进气口截止阀起至二级排气口截止阀为止内的所有管子、管件、法兰、阀门、过滤器、各级排气安全阀、出口单向阀等组成。总排气管路上设置单向阀，用于防止压缩机停机后，工艺系统中的高压气体倒流[29]。总排气管线上或分离器上设有安全阀，当压缩机系统中的压力超过限定压力时，能自动开启将超压气体泄放，以保证压缩机安全可靠运行。为满足压缩机空载起动和停机以及实现排气量的调节，主要采用旁通回路调节方式调节气量，即在气体管路上，采用末级排出管路与Ⅰ级吸入管路连通的方式，通过旁通管路将部分气体返回至Ⅰ级，可使各级压力、温度均不变的情况下工作，实现无级连续调节气量。采用Ⅰ级排出管路与Ⅰ级吸入管路连通的方式，仅作为压缩机起动时卸荷用[30]。管路系统如图 5-15 所示。

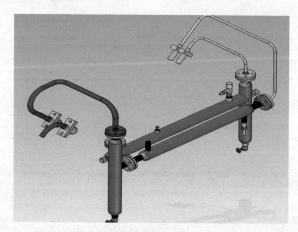

图 5-15　气体管路系统示意图

（2）冷却水管路系统

从压缩机进水总管阀门起至出水总管阀门为止的全部管子、法兰、阀门及管件组成冷却水管路系统[31]。该系统为闭路循环系统，各冷却水腔的进、回水管上均设有水流量控制阀门，回水管上还设有水流窥镜和温度计，便于观察水流动情况和回水温度。在进、回水总管上设有放水阀，用于压缩机停机后排放管路系统内的存水[31]。

（3）油路系统

工作油路包括润滑油路和油压保障两部分（图 5-16）。压缩机传动机构的润滑油（储于机身油底壳内）采用齿轮油泵循环压力润滑，过滤后经油冷进入齿轮油泵，由齿轮油泵压入曲轴中的油孔到达曲轴摩擦表面进行润滑。此外，部分润滑油沿连杆中的油孔达到十字头销及十字头，齿轮油泵的油压应保证在 0.3~0.8MPa 之间，曲轴两端的轴承利用飞溅油进行润滑[11]。

压缩机起动时需油温升至 15~20℃，当机身油底壳环境温度过低，油温低于 10℃ 时，自起动电加热器进行加热，以达到压缩机起动条件[29]。

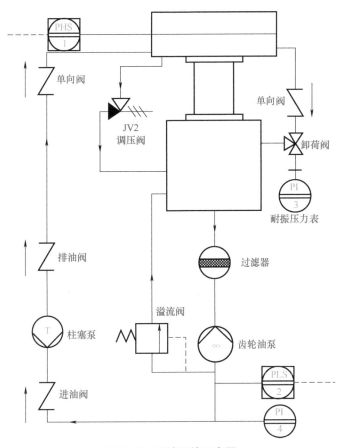

图 5-16　油路系统示意图

5.1.3　氢气压缩机维护

对隔膜压缩机进行运行或者维护前应充分了解本机的性能参数、配置、技术要求等内容，并现场辨识本机与用户系统的界面连接与工艺配置情况。

1. 压缩机的日常操作

（1）开车前的准备工作

压缩机起动时（最初开车、更换膜片后或检修后重新起动时）应遵循下述程序[9]：检查所有阀门启闭状态处于合适状态──▶检查所有安全维护使用的维修附件、维修标志牌均已去除──▶去除系统内所有外来异物──▶盘车至少一圈，确保周围无机械故障──▶确保压缩机曲轴的旋转方向处于正确状态──▶检查所有安全保护装置处于合适的操作状态──▶检查压力表指针处于"零位"──▶检查曲轴箱内的润滑油位处于合适状态（游标的上、下刻度线之间）──▶检查缸体下部的油路截止阀关闭──▶检查油路换向阀的位置以及润滑油供油管路上的阀门打开。

（2）开车、停车

压缩机应轻载启动，禁止带载荷启动，使压缩机达到正常转速时再给压缩机加上载荷。

具体步骤分别为[9]：

1）接通冷却水管路。

2）打开油压表下的卸荷阀。

3）打开回流管路上的阀门。

4）关闭进、排气管路上的阀门，如果进气压力低于 0.5MPa 时，不需关闭进气管路上阀门[32]。

5）起动油泵电动机，待润滑油压力稳定后，起动电动机。

6）关闭油压表下的卸荷阀，待液压缸油压达到设定值。

7）打开进、排气管路上的阀门。

8）关闭回流管路上的阀门。

9）检查油、气压显示仪表是否正常。

10）检查压缩机声响及振动是否正常。

正常停车步骤如下[9]：

1）打开回流管路上的阀门。

2）关闭进、排气管路上的阀门，如果进气压力低于 0.5MPa 时，不需关闭进气管路上阀门[20]。

3）打开油压表下的卸荷阀。

4）关闭压缩机主电动机。

5）待飞轮停止转动后，关闭油泵电动机电源。

6）关闭冷却水进排水管阀门。

7）卸掉压缩机进、排气管路载荷。

8）如果有氮气置换管路，需进行氮气置换。

冬季长期停车时，应将压缩机内冷取水放掉[8]。

2. 维护和检修

（1）维护

压缩机正常运转维护项目包括检查机器润滑是否正常；油压表、气压表的指示状态是否正常；机器是否有异常声响[9]；曲轴箱油面高度是否正常，当油面低于油标下限时，应及时补充润滑油[21]。压缩机在连续运转 3000～4000h 之后，应全部更换曲轴箱内的润滑油，首次换油时间应为 1500h 左右。压缩机主要维护措施是更换膜片、检修补偿油泵。

1）更换膜片。膜片破裂的情况下，压缩机不允许继续运转；当膜片破裂时，应立即停车更换膜片[21]。更换膜片按下列顺序：

a. 依据故障显示，判断哪一缸膜片出现破裂情况。

b. 将该缸体下面的阀门打开，将换向阀的位置扳到抽油的位置，打开油压表下的放油阀，起动油泵电动机，通过油泵将液压缸的液压油全部抽回曲轴箱内。

c. 更换步骤：拆下气缸进排气管路——拆下与缸盖相连的冷却水管路——用取阀工具（图 5-17）取出气缸的吸、排气阀——保留三个导向螺栓外拆下缸盖上的全部螺栓——

旋入 3 个缸盖提手，将缸盖顶起 15~20mm ——→取出已损坏的膜片——→用清洗剂清洗缸盖和缸体的曲面、吸排气阀以及膜片（先用毛刷轻轻刷除，然后用干净的绢布擦净）——→更换膜片——→放下缸盖，拧紧螺栓——→安装进、排气管道及冷却水管——→给液压缸加油，并注意排出多余的油[33]。

图 5-17 取阀工具的使用方法图解

2）补偿油泵检修。当补偿油泵供油量减少或停止供油时，会降低压缩机效率，甚至不排气；检查时，可通过用手触摸补偿油泵的排油管，补偿油泵工作正常时，排油管有脉动的规律触感，也可松开排油管接头，检查该泵是否排油[21]。需注意的是，检修时拆卸、装配压缩机零部件需保证工作环境以及压缩机零部件的清洁度，否则砂粒、金属碎屑等都会破坏气阀、膜片、油缸等重要零部件的正常工作，严重时甚至会导致膜片损坏。

检查时可按下列步骤进行：

a. 检查补偿油泵油口上的滤油器，若被污物堵塞，则应清洗排除。

b. 检查补偿油泵上的进、排油阀阀口是否有污垢或严重磨损，如有故障则清洗污垢或更换进、排油阀。

c. 检修调压阀。当调压阀的阀或阀座有损坏或沉积污垢时，阀座与阀的密封性会遭到破坏，使油腔内的油量和油压达不到正常工作要求而导致压缩机出现故障，应及时停机，拆下调压阀进行清洗，检查或更换零部件[34]。

d. 换油。压缩机在连续运转 3000~4000h 之后，应更换曲轴箱内的全部润滑油[33]。首次换油时间应为 1500h 左右。

（2）检修

当压缩机不能正常工作时，按照检修顺序检查各部位，查找故障原因。

1）检查曲轴箱油量。

2）检查各油缸压力，若不符合要求，则分别检查调压阀和补偿油泵，以及膜片是否破裂，各缸体的密封处是否漏油，或者检查齿轮油泵是否供油不足或不工作[21]。

3）检查排气压力，若排气不正常，检查进、排气阀或检查膜片是否破裂[33]。

4）若排气温度突然升高，则检查冷却水或者气阀。

常见故障及故障排除办法汇总于表 5-2，定期保养维修日程表见表 5-3。

表 5-2 常见故障、原因及排除方法

故障种类	故障原因	排除方法
润滑油压力突然降低，小于 0.2MPa	曲轴箱内的润滑油不够	应立即加油
	过滤器，过滤元件堵塞	清洗
	油压表失灵	更换油压表
	油管路堵塞或破裂	检修油管线
	供油系统失去作用	检查供油系统
	润滑油的黏度下降	按要求更换润滑油
	油管各连接部位不严密	将螺母拧紧或加衬垫
	运动机构轴瓦、铜套磨损严重	检修轴瓦和铜套
	齿轮泵损坏	更换齿轮泵
	密封件老化	更换密封件
补油泵不上油	进、排油阀口不严	更换
	进、排油阀关闭不严	拆洗进、排油阀
	齿轮泵油压低于 0.3MPa	检查油压下降的原因
	装错进、排油阀位置和方向	仔细检查，重新安装
润滑油温度过高	润滑油供应不足	检查油路漏损情况，添加润滑油
	润滑油质量不好，散热不佳	更换合格润滑油
	润滑油太脏，增大了机械磨损	清洗油底壳，更换润滑油
	运动机械发生故障	检修故障零部件
	冷却不好	加大冷却水量
冷却水系统漏水或其他故障	管路漏水	修补更换
	水垢过多，排气温度过高	清理水垢
安全阀故障	不能适时开启	重新校准
	不能开启	重新校准
	关闭不严	清除污垢，重新研磨
主轴瓦过热	轴颈与轴瓦接触面不良	检修
	径向配合间隙太大	检修
	供油不良	检修润滑系统
调压阀工作不正常	阀座、阀口不严	更换
	弹簧失去弹性	更换
	调压阀下面的垫圈失效	更换垫圈或增加垫圈厚度
随动阀工作不正常	膜片破裂，周边密封不严	更换
	油路堵塞	清洗
	阀座阀口损坏	修理或更换

（续）

故障种类	故障原因	排除方法
不正常声音	敲缸	液压缸缺油
	连杆与曲轴配重撞击	调整间隙去掉多余部分
	大带轮与曲轴锥面配合不好，或大带轮松动	换大带轮，锥面接触 70% 以上，拧紧大带轮
	气阀松动	拧紧阀压盖螺母
	轴承滚子大小不均或磨损	更换
	连杆螺栓松动	拧紧锁住
	十字头与活塞杆连接松动	拧紧背帽并锁紧
	曲轴主轴颈、曲拐颈或十字头销圆度误差过大，配合间隙过大	检查间隙和零件圆度，修好或更换
	十字头滑道拉伤	修复或更换
排气量不够	进、排气阀口不严，进、排气阀卡滞	修理或更换
	进排气余隙过大	减少余隙
	油压不正常	检查补油系统
	局部不正常漏气	根据漏气地点采取密封措施
	膜片压紧力不匀和膜片夹气	均匀拧紧气缸螺栓
起动后无油压	液压缸油量不足	检查曲轴箱油量，不够补充
	补油泵不正常	检修
	调压阀（随动阀）不正常	检修
	未关闭压力表卸荷阀	关闭
液压缸压力不正常	调压阀不正常	检修或更换
	补偿油泵不正常	检修或更换
	膜片破裂	更换
	缸体密封面不严	检修
	油压表下单向阀、阻尼器工作不正常，表针来回剧烈摆动	更换或者清洗
缸体密封面漏油、漏气	缸盖螺栓预紧力过小或用力不均匀	拧紧螺栓
	密封面有缺陷	修理密封面
	密封 O 形圈损坏	更换 O 形圈
	管路接头密封不严	修理或更换

表 5-3　隔膜压缩机定期保养维修日程表

按指定的运行时间或间隔时间进行保养维修（两者以先到为准）

维保类别	项目	月																				
		1	6	12	18	24	30	36	42	48	54	60	66	72	78	84	90	96	102	108	114	120
		×1000 小时																				
		1	4	8	12	16	20	24	28	32	36	40	44	48	52	56	60	64	68	72	76	80
一类维保项目	抗磨液压油	R																				
	液压油粗过滤器	每次换油时清洗，表面无破损不需更换																			I	R
	液压油精过滤器	R	R	R	R	R	R	R	R	R	R	R	R	R	R	R	R	R	R	R	R	R
	油箱底清洁	R	R	R	R	R	R	R	R	R	R	R	R	R	R	R	R	R	R	R	R	R
	油气过滤器	I	R	R	R	R	I	R	R	R	I	R	R	R	I	R	R	R	I	R	R	R
	接轴油封	I	I	I	I	I	R	I	I	I	I	I	I	I	I	I	I	I	I	I	I	R
	接轴	每次换油时检查，密封面出现磨损时更换																				
	油路单向阀	每次换油时清洗，锁紧螺母、无内漏现象不需更换																				
二类维保项目	十字头销	I	I	I	I	R	I	I	I	R	I	I	I	R	I	I	I	R	I	I	I	R
	十字头铜套	I	I	I	I	R	I	I	I	R	I	I	I	R	I	I	I	R	I	I	I	R
	十字头	I	I	I	I	R	I	I	I	R	I	I	I	R	I	I	I	R	I	I	I	R
	连杆铜套	I	I	I	I	R	I	I	I	R	I	I	I	R	I	I	I	R	I	I	I	R
	连杆瓦	I	I	I	I	R	I	I	I	R	I	I	I	R	I	I	I	R	I	I	I	R
	连杆	每次换油时检查，无变形现象不需更换																				

（续）

类别	项目	按指定的运行时间或间隔时间进行保养维修（两者以先到为准）																				
		月																				
		1	6	12	18	24	30	36	42	48	54	60	66	72	78	84	90	96	102	108	114	120
		×1000 小时																				
		1	4	8	12	16	20	24	28	32	36	40	44	48	52	56	60	64	68	72	76	80
二类维保项目	主轴轴承	每次换油时检查，出现异常声响时更换																				
	偏心轴承	I	I	I		R		I		R		I		R		I		R		I		R
	主轴油封	每次换油时检查，出现漏油时更换																				
	曲轴	每次换油时检查，曲拐无磨损现象不需更换																				
	活塞环 & 密封圈	I	I	I	I	R	I	I	I	R	I	I	I	R	I	I	I	R	I	I	I	R
	补偿泵密封圈	I	I	I	I	R	I	I	I	R	I	I	I	R	I	I	I	R	I	I	I	R
三类维保项目	循环水道清洗					I	I	R	I	R	I	R	I	R	I	R	I	R	I	R	I	R
	液压油橡胶管					I	I	I	I	I	I	I	I	I	I	I	I	R	I	I	I	R
	传动带 & 弹性柱销					I	I	I	I	R	I	I	I	I	I	I	I	R	I	I	I	R
	油冷却器清洗					I	I	I	I	R	I	I	I	I	I	I	I	R	I	I	I	R
	气冷却器清洗					I	I	I	I	R	I	I	I	I	I	I	I	R	I	I	I	R
	气阀	建议每 8000h 更换																				
	膜片	建议每 5000h 更换																				
	膜腔曲面保养	建议每 16000h 保养一次																				

注：I 检查，R 更换。

5.2 储氢容器

已知氢可以用气态、液态、固态等形式进行储存。根据储存性质不同，储存技术还包括物理储氢技术和化学储氢技术；涉及具体的加氢站使用的储存技术包括：高压气态储氢、低温液态储氢，其他储存方式还有金属氢化物储氢、有机化合物储氢、吸附储氢等[35]。其中，国际能源署（IEA）明确要求储氢材料的质量储氢密度需大于 5%，体积储氢密度应在 $50kgH_2/m^3$ 以上。

由于高压气态储氢具有简单易行、成本低、技术相对成熟、充放气速度快等优点[36]，所以目前我国国内加氢站主流储氢方式以高压气态储氢为主[37]。本节主要对高压气态储氢的相关设备及其维护进行介绍。

5.2.1 储氢容器简介

实际工程建设中，加氢站通常分为加注压力为 35MPa、70MPa 两类，加氢站主要利用储氢容器和车载供氢系统间的压力差进行车辆加氢，所以储氢容器的压力需高于供氢系统，其设计压力往往超过 40MPa，故 35MPa 的加氢站通常采用最高储氢压力为 45MPa 的储氢容器[15]，70MPa 加氢站选用 90MPa 的储氢容器。

储氢容器选用条件要满足以下几点：

1）容器容积大，压缩能量多，储罐材料安全可靠，耐高压，防氢脆。

2）氢气加注过程中压力波动频繁且范围大，储罐具有低周疲劳破坏危险[38]，所以储罐材料需满足压力波动次数为十万次左右。

目前，国内高压气氢加氢站常用储氢容器是储氢罐和储氢瓶组，储氢罐为固定式大型储氢设备，可布置于氢气需求量较大的加氢站；而储氢瓶组是一组瓶式压力容器的组合，可以非常方便地进行分级布置，即将储气瓶按不同的工作压力范围分级设置[39]。

1. 储氢罐

国内加氢站用储氢罐主要采用扁平钢带缠绕式结构，这是我国首创的一种压力容器结构形式[40]。该储氢罐是我国 1964 年自主研制成功，并已制造钢带错绕式氨合成塔、甲醇合成塔、氨冷凝器、铜液吸收塔、水压机蓄能器、高压气体储罐等 7000 多台[41]。经过 40 多年的理论分析、试验研究和工程应用，我国已系统地建立了钢带错绕式压力容器的优化设计理论基础，并积累了丰富的相关经验[40]。

扁平钢带缠绕式结构（又称扁平钢带倾角错绕式结构）是在内筒外表面缠绕多层钢带。该结构是在用钢板卷焊或用无缝钢管制成的长内筒两端，焊上锻制的端部法兰或封头，经热处理和无损检测后，用厚 4~8mm、宽 40~120mm 的扁平钢带，在一定的预应力下，采用圆周方向倾角方向缠绕在内筒外面，钢带的首端与末端则与端部的外圆锥焊牢。绕完一层后，错开一个角度，在钢带上面继续用相同的方法绕另一层，直至达到所需的尺寸为止。储氢罐的结构如图 5-18a，容器对外接口形式根据工艺要求确定，储氢罐实物如图 5-18b。

对于加氢站使用的扁平钢带缠绕式结构储氢罐，已形成了国家标准 GB/T 26466—2011

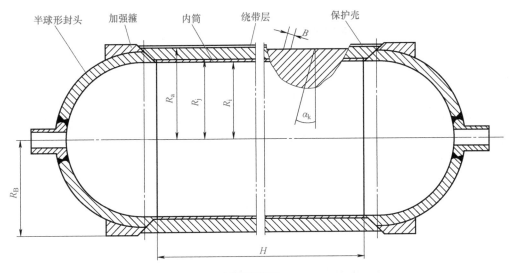

a) 容器结构图

b) 容器实物图

图 5-18　固定式高压储氢用钢带错绕式容器

《固定式高压储氢用钢带错绕式容器》，所以该类储罐设计需满足该标准中相关规定[40]，要求见表 5-4。

表 5-4　扁平钢带缠绕式结构储氢罐选用要求

序号	类别	要求
1	设计压力	大于或等于 10MPa 且小于 100MPa
2	设计温度	大于或等于-40℃且小于或等于 80℃
3	内直径	大于或等于 300mm 且小于或等于 1500mm
4	其他	设计压力（以 MPa 为单位）与内直径的乘积不大于 75000

扁平钢带缠绕式结构的特点[40]：

1) 兼有层板包扎式与绕带式结构的储氢罐优点。

2) 制造工艺简单且易于掌握，不需要复杂的大型设备，没有难以焊接和检验的深而窄的环焊缝，主要材料扁平钢带轧制容易，内筒外表面无需经过切削加工出沟槽。

3）由于该结构的筒体内筒在周向与轴向都受到钢带的预压缩作用，且扁平钢带是以一定的倾角错绕在筒体上，所以钢带既能承受周向力、又能承受轴向力。

4）钢带层数一般为偶数，相邻两层钢带是左、右交错缠绕，可抵消内筒的扭剪作用。

2. 储氢瓶组

储氢瓶组也是目前气态氢加氢站采用较多的存储设施，为非焊接压力容器，是通过无缝钢管经热旋压加工收口成型制造，采用基于强度理论的强度失效准则，避免容器的爆炸断裂和塑性变形，基于疲劳强度的疲劳失效准则和临氢环境下，基于断裂力学的疲劳裂纹力学的疲劳裂纹扩展分析，保证了容器在全寿命的周期内安全使用。针对加氢站用的储氢容器需满足团体标准 T/CATSI 05003—2020《加氢站储氢压力容器专项技术要求》中有关专项技术的要求，包含固定使用的瓶式压力容器。国内生产销售加氢站用瓶式容器组的厂家主要是石家庄安瑞科和浙江蓝能，其生产制造主要是参照各自的企业标准（分别为 Q/SHJ 05《站用储氢钢制无缝瓶式压力容器及容器组》、Q/LNQ 019《加氢站用储氢瓶式容器组》），还有行业规章 TSG 21—2016《固定式压力容器安全技术监察规程》）。

加氢站储氢瓶组是以若干个高压瓶式储氢容器组装为整体储氢系统的氢气存储设施，配有相应的连接管道、阀门、安全装置等。目前，加氢站使用的储氢瓶组类型主要有 3 瓶组、6 瓶组和 9 瓶组几种，图 5-19a 为储氢瓶组的结构简图，图 5-19b 为储氢瓶组加氢站应用场景。

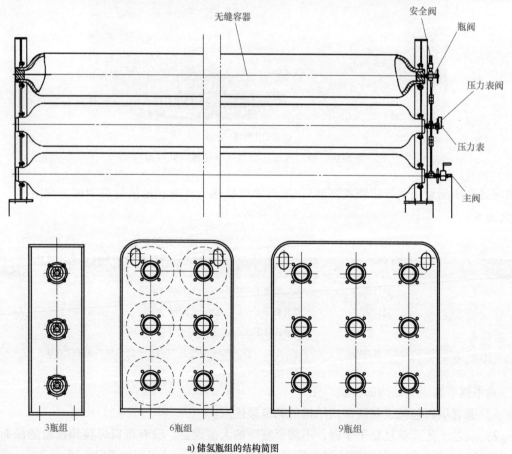

a) 储氢瓶组的结构简图

图 5-19 加氢站用储氢瓶组

b) 储氢瓶组加氢站应用场景

图 5-19　加氢站用储氢瓶组（续）

目前国内加氢站应用的储氢瓶组，工作压力包括 20MPa 和 45MPa 两种，气瓶主材为 4130X，严格控制有害成分 P、S，其中氢环境下的疲劳裂纹扩展速率试验、平面应变断裂韧度试验和氢敏感度试验等结果需满足国标 GB/T 34542. 2/3—2018《氢气输送系统》中有关加氢站储氢要求[44]。具体结果要求按照表 5-5 执行。一般工作温度范围为 -40℃ ~60℃，单支容器体积约 1m³。

储氢瓶组具备标准化、模块化的特点，通过模块化设计进行灵活组合，单支储气瓶标准化生产，储氢瓶组可适应不同的存储量需求，且装卸快速，运营、维护都更为方便。

表 5-5　气瓶 4130X 材料在氢环境下性能

牌号	抗拉强度 R_m/MPa	屈服强度 $R_p0.2$/MPa	屈强比	断后伸长率 A/（%）	冲击吸收能量，KV2/J 10mm×10mm×55mm （-40℃）		布氏硬度/ （10/3000） HB	侧膨胀值 LE/mm
					三个试样平均值	单个试样最小值		
4130X	800~880	≥520	≤0.86	≥20	≥60	≥42	220~275	≥0.53

3. 储氢分级

加氢站为氢燃料电池车辆进行氢气加注时，主要是以站内储氢设施与车载氢瓶之间的压差作为驱动，使高压气态氢气向车载氢瓶不断充装，直至达到目标加注质量或压力[45]。基于加注原理以及目标加注压力的限制，系统存储的氢气不可能被完全利用，故站内储氢容器分级适用，一般分为低、中、高储氢容器。其中取气率（取气率 = 储氢容器可供加注的最大氢气质量/储氢容器储存氢气质量）是评价加氢站储氢系统使用效率的一个重要指标。

如果仅使用一级高压气源给车辆加注，当存储压力降至目标加注压力以下就不能继续进行加注，为了满足连续加注量，需要大大增加高压储氢设施的配置，且取气率很低。

对储氢容器进行分级是提高取气率的有效方式，分级取气在压缩天然气加气站已有成熟的应用。三级加注是较为理想的方式，四级及其以上的加注模式，由于其增加了管路的复杂性，并降低了加气站的安全性，工程实践中通常不予以采用[45]。加氢站最优的加注模式是三级加注，且一定的存储压力下存在多个最佳容积比，达到最高取气率。具体各级容量应按各级储气压力、充氢压力和充装氢气量等因素确定。表5-6为不同储气压力下最佳容积比[45]。

表5-6　不同储气压力下最佳容积比

压力/MPa	V_1/V_2	最佳 $V_1 : V_2 : V_3$	通用最佳容积比 $V_1 : V_2 : V_3$
40	1 : 0.5 1 : 0.75	2 : 1 : 1；4 : 2 : 3 4 : 3 : 2；4 : 3 : 3	
45	1 : 1 1 : 0.5 1 : 0.75	2 : 2 : 1；1 : 1 : 1 4 : 2 : 1；2 : 1 : 1 4 : 3 : 2；4 : 3 : 3	2 : 1 : 1；4 : 3 : 2；4 : 3 : 3 2 : 2 : 1；1 : 1 : 1
80	1 : 1 1 : 0.5 1 : 0.75	4 : 4 : 1；2 : 2 : 1；1 : 1 : 1 2 : 1 : 1 4 : 3 : 2；4 : 3 : 3	4 : 3 : 2；2 : 2 : 1
90	1 : 1 1 : 0.75 1 : 1	2 : 2 : 1；1 : 1 : 1 4 : 3 : 2 4 : 4 : 1；2 : 2 : 1	4 : 3 : 2；2 : 2 : 1

实际应用当中，通常加氢站三级气源分由固定式储氢容器被分为低压、中压、高压气源[46]。氢燃料电池车辆进站加注时，加氢机依次从低压、中压、高压储氢容器中取气，三级加注过程可以一定程度上降低系统能耗、减小压差对控制阀门的冲击以及减轻氢气加注的焦汤效应。在加氢站内配备高压大容量的三级固定式储氢容器，可以实现在短时间内给车辆加满氢气。此外，储氢容器作为缓冲装置还可避免压缩机的频繁起动，简化加氢站的运行操作。

5.2.2　储氢容器附件

加氢站用储氢容器进出口配套进出口阀门、超压泄放装置、压力测量仪表、氮气吹扫置换接口和排放口[47]。图5-20所示为储氢容器与附件的管路图，其中黄色线框内数值代表管道直径，单位为in，字母代表接头方式。

1. 进出口

储氢容器应设置进出口管路，进出气体管路包括管件和阀门附件。管路用钢管主要为S31608或S31603，进口材料为316、316L，管件为奥氏体不锈钢Ⅲ级锻件，材料为S31608或S31603；卡套接头选用S31608或S31603奥氏体不锈钢。阀门一般为NPT3/4高压不锈钢针形阀，针形阀两端为3/4接头，阀门额定压力不低于相应的储氢瓶组的设计压力。截止阀常用的结构形式有直通结构和角式结构。如图5-21和图5-22所示。

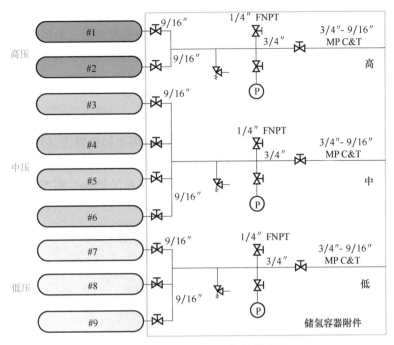

图 5-20　储氢容器与附件的管路图

图 5-21　直通截止针阀

图 5-22　角式截止针阀

2. 安全附件

储氢容器安全超压泄放装置主要包括安全阀和爆破片。

储氢容器安全超压泄放装置需满足以下基本要求[48]：

1）制造单位需持有特种设备制造许可证，且该装置需通过国家质检总局核准的型式试验机构进行的相应型式试验，并且取得型式试验证明文件。

2）超压泄放装置出厂时应附带产品质量证明，并且应在产品上装设牢固的金属铭牌。

3）超压泄放装置的排放能力不得小于储氢装置的安全泄放量。

4）超压泄放装置的支撑结构应有足够的强度和刚度，以保证能承受该泄放装置泄放时

137

所产生的反力。

5）超压泄放装置与被保护的储氢装置或管道之间的连接管道上不得安装截止阀。

安全阀、爆破片需满足国标 GB/T 34583—2017《加氢站用储氢装置安全技术要求》中的相关要求。

3. 压力测量仪表

压力表型号选用表盘 100mm，精度 1.0 级，测量范围 0~100MPa，连接方式为 NPT1/4 外螺纹，压力表刻度盘上有指示最高工作压力的红线，用于超压警告（图 5-23）。压力表下面设置压力表阀，正常使用时处于全开状态，压力表需要校验、检修时关闭压力表阀，便于更换。根据《计量法》规定，压力表应按照计量器具强检的周期，到当地计量所（院）进行检定，压力表检定周期一般为 6 个月[49]。压力表校验后应注明下次校验日期且要加铅封。

图 5-23　储氢容器常用压力表

另外，储氢容器及附件管路要设置防静电接地装置，其接地电阻不得大于 10Ω，法兰、阀门或接头间可设跨接导线。

5.2.3　储氢容器维护

45MPa 储氢容器工作压力为 45MPa，设计压力为 49.5MPa，工作温度为 -40~80℃，45MPa 储氢瓶组的技术参数见表 5-7。

表 5-7　常用 45MPa 储氢瓶组的技术参数

序号	参数	数据
1	工作压力	45MPa
2	设计压力	49.5MPa
3	工作温度	-40~80℃
4	最大允许工作压力	49.5MPa
5	瓶体材料	316L
6	气瓶外径	406mm
7	最小厚度	28.9mm
8	瓶式容器长度	10975mm
9	泄漏试验压力	45MPa
10	水压试验压力	62.5MPa
11	安全阀整定压力	49.5MPa

1. 储氢容器的日常使用

储氢容器在正常使用情况下注意以下几点：

1）在工作温度范围内压力不得高于工作压力上限。

2）储氢容器工作温度不得超过设计温度，瞬时温度不得超过 85℃。

3）储氢容器有以下情况不得使用：超过定检周期未经检验合格的；介质不符合标准要求的；容器内无余压的；外部有损伤的；对其安全性有怀疑的。

储氢容器的使用应严格遵守行业规章 TSG 21—2016《固定式压力容器安全技术监察规程》（第 7 章：使用管理的规定）。同时，容器投入使用前或投入使用后 30 日内，使用单位应当按照要求到直辖市或者设区的市的质量技术监督部门逐台办理使用登记手续[48]。建立严格的储氢容器使用规范，对储氢容器的压力、温度和压力波动范围超过设计压力 20% 的压力波动次数进行实时监测和自动记录。储氢容器的使用应具备的条件和注意事项如下。

1）储氢容器必须具有锅炉压力容器安全监察机构监检合格的监检证书和监检钢印。

2）储氢容器在使用前需对盛装的气体进行确认并进行安全状况的检查。

3）储氢容器必须按要求在系统中装设安全阀，且整定压力必须小于设计压力。

4）储氢容器在使用前应进行氮气置换，确保容器内气体的含氧量小于 0.5%。

5）储氢容器使用单位需遵循相关安全操作规程，并设置相关事故应急预案及相应措施，且配置必要的防护用品。

6）使用储氢容器的工作人员应经安全技术培训后持证上岗。

7）储氢容器不得靠近热源和明火。

8）储氢容器禁止敲击、碰撞、禁明火。绝对禁止容器本体上用火焰、等离子切割挖补或焊接修理。

9）冻结时可用 40℃ 以下的温水浇淋解冻。

10）不得修理、改造或改装容器，不得改变容器钢印、标识等。

2. 储氢容器的日常维护

1）储氢容器严禁超温、超压和超负荷运行，必须严格按照执行工艺操作规程和岗位操作规程进行操作。

2）定期巡回检查，重点检查容器本体、接口（阀门、管路）部位、焊接接头等的裂纹、过热、变形、泄漏及损伤等；外表面的腐蚀；与相邻管道或构件的异常振动、响声或相互摩擦；支承或支座的损坏，基础下沉、倾斜和开裂；运行的稳定情况，是否有超温、超压现象；接地设施是否完好；安全状态等级为 4 级的监控措施和异常情况[50]。

3）操作人员在发现储氢容器发生以下异常情况时应立即采取紧急措施[50]：工作压力和工作温度超过使用范围；储氢容器本体发生裂缝、鼓包、变形、泄漏等危及安全的缺陷；安全附件失效、接管、紧固件有损坏；发生火灾，压力容器安全运行受到威胁的情况；储氢容器过量充装；管道发生严重振动，影响其安全运行；其他异常情况。

4）氢气容器内部有压力时，一般不得进行修理或紧固。

5）储氢容器的定期检验应严格遵守 TSG 21—2016《固定式压力容器安全技术监察规程》中要求：定期检验的规定执行[51]，检验周期按照 T/CATSI 05003—2020《加氢站储氢压力容器专项技术要求》8.2 条，储氢容器在投产 1 年内进行首次定期检验。以后的检验周期由检测机构根据储氢容器的安全状况等级确定[52]，安全状况等级为 1 级至 3 级的，一般每 3 年检测一次。储氢容器定期检验机构应当按照 TSG Z7001—2021《特种设备检验检测机构核准规则》规定，取得容器定期检验核准证，到期未经检验的储氢容器禁止使用。

定期检验应重点核查储氢容器运行以来的有效压力循环范围和循环次数，并检测有无裂纹状缺陷以及裂纹扩展情况，评估后续允许的循环次数。

储氢容器常见故障与处理方法见表 5-8。

表 5-8　储氢容器常见故障与处理

序号	故障现象	故障原因	处理方法
1	泄漏	垫圈承压不足、腐蚀	紧固螺栓、更换垫圈
2	焊缝开裂	应力腐蚀疲劳	定期检验，及时发现，消除裂纹，补焊修复
3	超温超压	误操作	紧急放空
4	超压泄放装置失效	附件损坏	更换
5	压力表指示不正确	引压管堵塞、失灵	导通，校验压力表、更换

5.3　加氢机

5.3.1　加氢机简介

加氢机为燃料电池汽车提供压缩氢气燃料充装服务，并带有计量和计价等功能的专用设备，是加氢站的关键设备之一[53]，也是燃料电池汽车加注氢燃料的必需设备，针对加注压力不同的加氢站，适用加氢机也分为 35MPa 与 70MPa 两种。加氢机由机械部分、控制部分两部分组成，机械部分包括高压氢气管路及安全附件、质量流量计、加氢枪、拉断阀、安全阀等，控制部分由控制系统和显示器等组成，其工作流程图如图 5-24 所示。

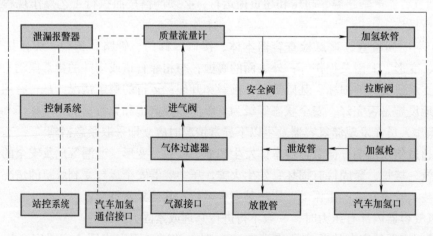

图 5-24　加氢机典型流程图

图中点画线框内为加氢机的主要组成部分，点画线框外是加氢机与外部的主要接口[54]。

氢气流向为气源接口（进入加氢机进气管路）、气体过滤器、进气阀、质量流量计、加氢软管、拉断阀、加氢枪，最后通过汽车加氢口充入汽车储氢瓶。加氢机的控制系统自动控制加氢过程，并与加氢站站控系统、汽车加氢通信接口等实时通信[54]。另外还可利用加注机控制系统与 SCADA 站控系统相互联动完成氢气加注控制策略，对加注流程中的压力、流量、温度进行监控控制。

加氢机加注时有"焦尔-汤姆孙效应"（在通常温度下，大部分气体膨胀后变冷，而氢和氦则变热）导致氢气温度上升。所以加氢机性能的关键指标之一就是加注过程中控制氢气温度不会过快升高[1]。目前，国内 35MPa 加氢机生产商在应对加注时氢气升温问题主要采用信号监控和提前预冷两种解决方式[15]。信号监控是在加氢机内设置与汽车车载瓶相连接的通信接口，将加注过程中车载气瓶的温度和压力信号输入到加氢机内，实现自动调节加氢升压速率，达到控制氢气温度的效果，该方法主要针对美国机动车工程师协会 SAE（Society of Automotive Engineers）J2601 标准中要求应对；提前预冷是在氢气进入加氢机前首先通过外置换热器进行换热，使氢气温度下降后再对车载气瓶进行加注，其中换热器冷却介质为低温循环冷却水，再外设一台大功率冷水机组将冷却水温度降至 5~10℃。

根据项目具体实际情况，选择合适的加氢机。例如，站址面积较为紧凑、对节能要求较高的加氢站可考虑采用第一种加氢机；如果日常加注车辆较多，且需要快速加氢需求的，可采用第二种加氢机[15]。此外，加氢机的设计还需考虑加氢站内压缩机配置和储氢罐容积，这两项也会影响加氢站的加注速率。

1. 功能要求

按照 GB/T 31138—2022《加氢机》[54]的要求，加氢机计量宜采用质量流量计，计量精度不宜低于 1.5 级，最小分度值 10g，最大示值误差应不超过±2.5%，计量重复性应不超过 1%。加氢机的计量一般参照表 5-9 进行设置。

表 5-9　加氢计量设置

加氢量单位	kg
金额单位	元
加氢计量范围	(0.00~999.99) kg 或（0.00~9999.99）元
累计计量范围	整数位 8 位，小数位 2 位
单价单位	元/kg
单价设置范围	(0.01~999.99) 元/kg

加氢站的加注压力一般为 35MPa 和 70MPa，表 5-10 所示为加氢机应适用的压力范围，鉴于国内氢燃料电池车辆的发展状况，目前加氢站的加注压力普遍为 35MPa。

表 5-10　加氢机适用压力范围

加氢机工作压力等级（HSL）	H35	H50	H70
额定工作压力（NWP）/MPa	30	50	70
最大工作压力/MPa	43.8	62.5	87.5
最大允许工作压力/MPa	48.1	68.8	96.3

2. 安全性要求

加氢机除了应具有充装、计量和控制等功能以外，安全保障方面还应符合现行国家标准 GB/T 31138—2022《加氢机》的相关规定[54]：

1）加氢机最大工作压力为 1.25 倍的额定工作压力（工作压力 35MPa 或 70MPa）。

2）加氢机应设置安全泄压装置，安全阀选用全启式安全阀，安全阀的整定压力不得大于车载储氢瓶的最大允许工作压力或设计压力。

3）加氢机计量采用质量流量计，计量精度不宜低于 1.5 级，最小分度值最佳为 10g。

4）加氢机应有能实现控制及联锁保护功能的自动控制系统。

5）加氢机进气管道上应设置自动切断阀，当达到车载储氢容器的充装压力高限值时，自动切断阀联锁并关闭。

6）加氢机在现场及控制室或值班室均应设置紧急停车按钮，当出现紧急情况时，可按下该按钮，关闭进气阀门。

7）加氢机的箱柜内部氢气易积聚处应设置氢气检测器，当氢气含量（体积分数）达到 0.4% 时应报警；当氢气含量（体积分数）达到 1% 时，自动控制系统应能联锁启动相应的事故排风风机；当氢气含量（体积分数）达到 1.6% 时，由加氢设施控制系统发出停机及关闭进气管道自动切断阀的联锁信号；氢气检测器的设置、选用和安装，应符合现行国家标准 GB/T 50493—2019《石油化工可燃气体和有毒气体检测报警设计标准》的有关规定[55]。

8）加氢枪的加注口应采用额定压力匹配的结构形式。

9）加氢机应设置脱枪保护装置，发生脱枪事故时应能及时阻止氢气泄漏。

10）额定工作压力为 70MPa 的加氢机应设置可与车载储氢瓶组相连接的符合相应标准的通信接口，在加注过程中应将车载储氢瓶的温度、压力信号输入到加氢机，当通信中断或者有超温或超压情况发生，加氢机应能自动停止加注氢气作业。

11）加氢机的加气软管应设置拉断阀[55]，拉断阀应能在 400~600N 的轴向载荷作用下断开连接，分离后两端应自行密闭。

12）加气软管及软管接头应选用具有抗腐蚀性能的材料。

13）向氢燃料汽车车载储氢瓶加注氢气时，应对输送至储氢瓶的氢气进行冷却，但加注温度不应低于 -40℃。冷却设备的制冷剂管道应设置压力检测及安全泄放装置，并应能在管道发生泄漏事故，高压氢气进入制冷剂管道时，立即自动停止加氢作业和系统运行。

14）向车载储氢瓶加注氢气时，车载储氢瓶内氢气温度不应超 85℃，充装率应在 95% 到 100% 之间。

15）测量加氢机压力变送器时，压力取源应位于加氢机拉断阀的上游，并宜靠近加氢机软管拉断阀，压力取源与分离装置之间的长度不应大于 1m。当测量的初始压力小于 2MPa 或大于相应压力等级的额定工作压力时，加氢设施应能在 5s 内终止燃料加注作业。

5.3.2 氢气加注规范

燃料电池汽车未来在进行商业化应用时，氢气加注时间必须和传统内燃机汽车的加油时间相当，即在 3~5min（轿车）之内完成。基于目前各类车载氢瓶普遍存在温度敏感性，对加注结束时瓶内温度的控制是保证车载储氢系统安全性的重要措施。一般气体的焦尔-汤姆孙效应为"正效应"（绝热膨胀后变冷），但氢气的焦尔-汤姆孙效应为"负效应"（绝热膨胀后变热），氢气在管路阀口等处节流过程中会因为负的焦尔-汤姆孙效应而产生热量。因此，车载氢瓶的温升不仅来自充装时的压缩功，还来自于氢气的焦尔-汤姆孙效应。

相较于成熟的天然气加注，一方面，由于氢气焦汤"负效应"的存在，加注结束时的温度往往更高；另一方面，车载气瓶要达到相同的储量，加注氢气时需要的压力更高，在相同时间内的加注流速更快，其温升也将更高[56]。由于以上两方面原因，导致氢气加注时储氢瓶复合材料层更容易出现剥离现象，影响容器承载能力，造成安全隐患[57]。国际标准 ISO 15869《气态氢气及氢气混合物——陆用车辆燃料罐》和美国汽车工程学会标准 SAE J2601，均对车载储氢瓶的工作温度给出了最高 85℃ 的限制。因此，氢气的加注过程无法直接参考已经成熟应用的天然气加注策略。

国内外诸多学者已经对氢气加注过程温升进行了实验以及仿真研究，影响加注过程温升的主要因素包括：气瓶类型、环境温度和瓶内氢气的初始温度、充入氢气的温度、初始充装压力、升压速率和充装时间、气瓶容积，以及气源初始压力。

高压氢气快速充注是一个十分复杂的过程，各种充装条件及外界环境因素都对其有着显著的影响。但是对于加氢站在实际运营中，对于环境温度、进站车辆储氢瓶温度、初始充装压力、气瓶容积及类型均为不可控变量。因此，对加氢站加注过程中氢气最终温度的控制，应着重从充入氢气温度、氢气升压速率以及加注过程中压差控制这几方面考虑加注策略。

对于一定体积的储氢瓶，可以用加注结束时的氢气质量来衡量加注程度，而为了方便讨论不同体积储氢瓶的加注程度，可以通过加注结束后的氢气密度来衡量，因此引入满充率 SOC（State of Charge）这样一个参数，见式（5-1）：

$$SOC = \frac{\rho(P, T)}{\rho(NWP, 15℃)} \times 100\% \tag{5-1}$$

密度 ρ 是 P、T 的函数，NWP 为额定工作压力，业界普遍将额定工作压力下 15℃ 时的密度，即 $\rho(NWP, 15℃)$ 定义为满注密度，也就是说，如果加注结束时氢气的密度等于 $\rho(NWP, 15℃)$，则认为加满了，此时的加注程度为 100%。如果 SOC<100%，则称为不足加注，如果 SOC>100%，则称为过度加注。理想的加注程度是尽量接近 100%，而不要超过 100%。加注结束之后，氢气密度是保持不变的，因此用密度相关的参数 SOC 来衡量加注程度。经式（5-2）计算：

$$\rho(35MPa, 15℃) = \rho(43.8MPa, 85℃) = 24.0g/L$$
$$\rho(70MPa, 15℃) = \rho(87.5MPa, 85℃) = 40.2g/L \tag{5-2}$$

由于加注过程中存在显著的温升，当储氢瓶内压力达到额定压力时，可能存在不足加注，例如，假设在环境温度为 15℃ 的情况下，把一个储氢瓶加注到 35MPa 时，此时瓶内的平均温度为 75℃，加注结束后，瓶内氢气通过壁面与周围环境进行热传递，气体温度逐渐冷却，此过程中瓶内压力也随之下降，换热平衡后，瓶内气体温度等于环境温度 15℃，瓶内压力也小于 35MPa，造成不足加注，此时的密度也小于 $\rho(35MPa, 15℃)$ 24.0g/L。为了应对加注不足情况的发生，加注时往往需要一种温度补偿的策略，因此在环境温度为 15℃ 时，加注终止压力往往大于 35MPa。针对 70MPa 储氢瓶的加注同样需要温度补偿策略。但出于安全考虑，最大加注压力不得超过额定工作压力的 125%，即 35MPa 储氢瓶压力最高不得超过43.8MPa，70MPa储氢瓶压力最高不得超过87.5MPa。温度补偿策略中的加注终止压力会随着环境温度和温升的不同，在规定限值内变化。综上所述，储氢瓶进行加注时，需对其压力、温度和密度值进行一定的限制，从而可以得出35MPa和70MPa加注时的操作窗口，如图5-25所示，虽然通过温度补偿策略可以注入更多质量的氢气，但是受到操作窗口中温度、压力的限制，还是会发生不足加注。

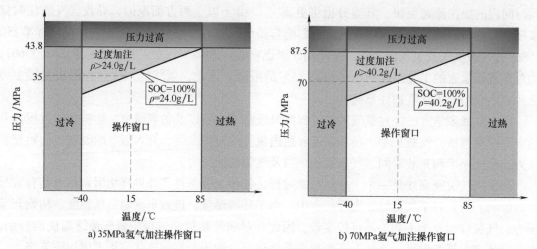

a) 35MPa氢气加注操作窗口　　　　　　b) 70MPa氢气加注操作窗口

图 5-25　氢气加注操作窗口

　　合理的加注策略能够保证在氢气最终温度不超过规定要求的前提下，安全快速地加注。针对氢气加注策略的探索与应用，诸多学者进行了大量的理论、仿真与实验研究，为氢气加注策略的实际应用提供了方向指导。加注策略的选择与运用主要针对温升影响因素中的可控变量，国内外目前应用的加注策略主要包括：分级加注、控制压力升高速率、气源预冷以及机车实时通信。加注效果通过温升补偿算法（即内嵌于加氢机内的加注程序）得以实现，以求在压力、温度限制内实现SOC尽可能接近100%的加注。

　　因为加氢站气源压力越高，加注压差越大，加注过程中产生的温升越高，因此加氢站普遍采用分级加注，低压段采用较低压力，高压段采用较高的压力。三级加注是目前加氢站最佳的加注方式，有利于温升控制以及氢气利用率的提高；四级及其以上的加注模式，由于显著增加了管路的复杂性，并降低了加氢站的安全性，目前加氢站工程实践中并不采用[45]。

　　气体压缩是高压氢气快充温度升高的主要产热机制，占比约为60%，降低升压速率可以减少加注过程中的压缩产热量，进而降低最终气体温度。加注过程对升压速率的控制可以有先快后慢、先慢后快以及恒定速率三种模式，研究表明，采用先快后慢注方案能够在控制整体温升的情况下进一步缩短加注时间。

　　气源预冷则是通过增加设置预冷机和热交换装置，使得氢气在充装入车载气瓶前预先降温至一定程度，从而使气瓶内的最终温升得到控制。对于预冷温度设置，SAE J2601协议中有多个预冷等级可供选择。国内主要采用Ⅲ型车载氢瓶，散热能力远高于国外普遍采用的Ⅳ型车载氢瓶，若严格参照SAE J2601协议中的预冷温度，可能会造成预冷的能源浪费。对于70MPa氢气加注，因为压力较高，且普遍采用Ⅳ型瓶，快速加注必须进行气源预冷。图5-26和

图 5-27 分别是上海舜华新能源系统有限公司针对 28L Ⅲ 型储氢瓶进行 35MPa 三级和四级加注实验结果。如图中所示，通过合适的取气程序设计和加注控制策略，两者均在 3min 内完成了快速加注，加注压力达到 35MPa，储氢瓶瓶口处温度最高达到 65℃ 左右，结合仿真结果，推测瓶内最高温度不会超过 85℃。

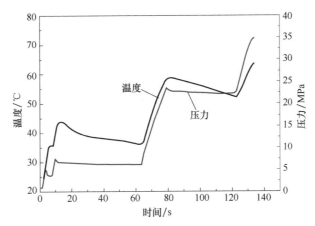

图 5-26　28L Ⅲ 型储氢瓶三级加注实验温度和压力变化情况

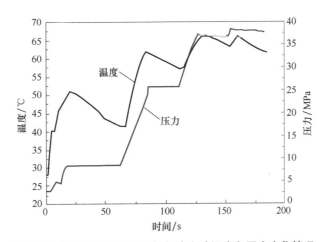

图 5-27　28L Ⅲ 型储氢瓶四级加注实验温度和压力变化情况

基于国产 Ⅲ 型瓶氢气加注过程的仿真和实验研究[58]，结果表明：

1）氢气加注的温升现象影响因素包括氢气的加注速度、加注温度、环境温度以及初始压力等。

2）Ⅲ 型瓶和 Ⅳ 型瓶两者结构材料不同，氢气加注时的热量传递规律也不同，且 Ⅲ 型瓶瓶体的温度梯度明显小于四型瓶。

3）在一定的加注速率下，35MPa Ⅲ 型瓶不需要预冷也能达到 100% 的加注率。

4）当环境温度较高时（大于 20℃），35MPa Ⅳ 型瓶需要对氢气进行预冷，以保证氢气加注率达到 100%。

5）环境温度为 38℃ 时，Ⅳ 型瓶加注在保证 100% 加注率下，氢气冷却消耗的能量为 0.65kW·h/kg，会明显增加氢气的成本。

SAE J2601 是被国际广泛接受的轻型气态氢汽车的燃料加注协议，日本在兼容 SAE J2601 的基础上进行修改形成了日本自己的 JPEC-S0003 加注协议，它与 SAE J2601 主要的区别点在于对气源温度等级的划分、SOC 的定义、加注速度的界面限制、结束条件的限定，并添加了超出 10kg 的车辆加注控制策略。

为了实现更快更安全的氢气加注，车载储氢系统的 SOC、气瓶温度、压力的读取十分必要，此时加氢机与燃料电池汽车之间需要有实时数据通信。目前业内普遍应用的机—车通信方式是红外通信，红外通信加氢系统由一个加氢连接装置（包含加氢枪和加氢口）将加氢机和燃料电池汽车进行耦合，氢燃料通过加氢枪（喷嘴）由加氢机传递至燃料电池车辆一端，同时数据通过 IR（红外）发射器和接收器进行传递，示意图如图 5-28 和图 5-29 所示。

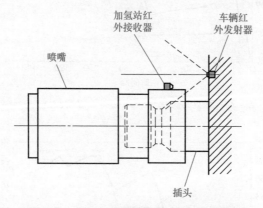

图 5-28　含红外通信链路的加氢连接装置

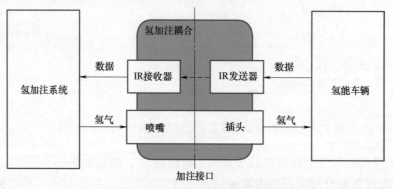

图 5-29　机-车红外通信系统示意图

SAE 制定了针对红外机—车通信的 SAE J2799 标准，详细规定了氢燃料电池汽车红外通信的软硬件规范。目前 35MPa 加注普遍没有采用机—车通信，主要是因为 35MPa 加注过程的温升可以通过合理的加注策略进行有效控制。对于 70MPa 加注，虽然 SAE J2601 中对有无机—车通信两种情况的加注过程控制都有相应规定，但在实际应用中，为保证加注安全和获得高 SOC，业内普遍都采用机—车通信以精确地获取车载氢系统参数，来指引实施相应的加注协议。

5.3.3 核心零部件

1. 加氢枪

（1）加氢枪结构

加氢枪安装在加氢机加氢软管的末端，用于连接加氢机与车辆的加注接口[53]，由软管拉断阀、软管、加氢喷嘴以及部件之间的连接器组成（图 5-30）。其中加氢喷嘴的类型以及通信条件，决定了喷嘴排气管线（带有软管拉断阀和软管）的布局设计。加氢枪主要组成：上下阀体、快插接头组件（钢球、安装座、顶针、轴套、弹簧等）、安全锁止组件（安全锁止销、锁止螺母、弹簧等）、过滤组件（滤网、滤网支撑件）、前端保护盖、后端保护握把等。

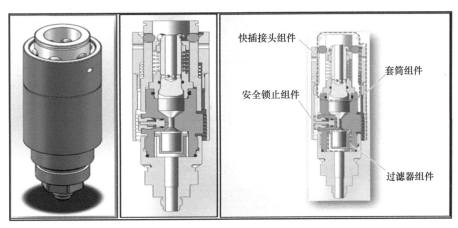

图 5-30 加氢枪结构图

（2）加氢枪设计标准

燃料电池电动汽车加氢枪设计应满足国标 GB/T 34425—2017《燃料电池电动汽车—加氢枪》中相关规定。该标准适用于设计压缩氢气为工作介质、工作压力不超过 35MPa、工作环境温度为 -40~60℃的燃料电池电动汽车加氢枪[53]。加氢枪设计的路线图如图 5-31 所示。

（3）加氢枪类型

目前，市面上的加氢枪主要有 A、B、C 三种型号（表 5-11）[53]。

必须注意，加氢枪与加氢口必须正确连接，才能进行加气；另外在卸枪之前应安全地放空枪头中的气体[54]。

表 5-11 不同型号加氢枪介绍

加氢枪型号	适用类型	型号特点
A 型	加氢机关闭之后加注软管处于高压状态的装置	加氢枪配备一个或多个集成阀门
B 型	加氢机关闭之后加注软管处于高压状态的加注装置	1. 加氢枪进气口之前直接或间接地安装一个独立的三通阀门，并且通过该阀门实现在卸下加氢枪之前安全地排空枪头内残留气体 2. 外部的三通阀应有标记指示开、关及放气的位置
C 型	加氢机关闭之后加注软管被泄压（小于等于 0.5MPa）的装置	通过接收来自加氢枪的正确连接信号，加氢机可控制相关功能

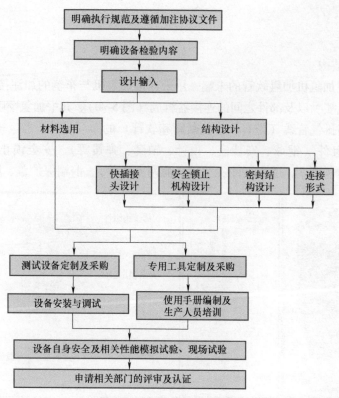

图 5-31　加氢枪设计路线图

（4）加氢枪产品介绍

目前，国内外加氢站所使用的加氢枪多为德国 WEH 加氢枪，史陶比尔集团研发了 CHV 系列加氢枪，但相比于 WEH 的加氢枪，应用较少。

德国 WEH 加氢枪，WEH 加氢枪有 TK16、TK17、TK25、TK6 等多个型号，适用于 35MPa、70MPa 不同压力等级的不同车型，包括燃料电池乘用车、公交车、货车等，具有设计轻巧、结构紧凑、易于操作的特点，且流量高，可保证快速加氢，采用高级防腐蚀性材料，配置塑胶热保护外罩，如图 5-32 所示。以 TK25 为例主要技术参数如下：

工作压力：35MPa，适用于燃料电池大客车和货车

工作温度：-40~85℃

流速：3.6kg/min

标准：PED97/23/EC；CE0036 SAE J2600：2002 SAE TIR J2799

STÄUBLI（史陶比尔）集团研发了 CHV 系列加氢枪（图 5-33），应用于重型、轻型商用车、乘用车、物流车等不同车型，满足标准 SAE J2600、ISO 17268、2014/68/EU、2014/34/EU（ATEX），主体材料采用不锈钢，手柄采用绝缘聚氨酯，该加氢枪设计采用推拉式连接，使用简单省力，设计了双对准引导系统，并采用机械安全锁定，操作安全，设计紧凑轻量，并带旋转夹具的锁定系统，具备高安全性、高可靠性的特点，但应用较少。其主要技术参数如下：

额定压力：$5076 \text{tbf/in}^{2\ominus}$

最大工作压力：6353tbf/in^2

工作温度：$-40 \sim 85℃$

流量 Cv：1.83

图 5-32　WEH TK25 加氢枪

图 5-33　STÄUBLI CHV 08/C 加氢枪

2. 流量计

流量计是加氢机的计量组件，用于计量氢气加注时氢气的流量。流量计产品、技术相对比较成熟，但是目前市面上专用于加氢机的流量计产品技术发展尚不明显，我国对于加氢机用流量计也尚未出台相关标准，不过国标 GB/T 31138—2022《加氢机》中对加氢机计量功能的计量准确度、计量重复性等做出了要求。另外，加氢机应标明是否具备主动流量调节功能或模式。

根据 GB/T 31138—2022《加氢机》中的要求，加氢机采用的是质量流量计（图 5-34）。根据日本汽车研究所的研究热式质量流量计准确度和重复性都较好，但是其受温度影响较大，科里奥利（科氏力）质量流量计在大流量时，准确度和重复性都很好，高压时，准确度和重复性都会提高、波动小，但小流量时准确度低、波动大。综合热式流量计和科里奥利流量计的优缺点，目前，国际上采用科里奥利流量计用于加氢机氢气加注流量的计量，可以达到最佳的氢气测量准确度。

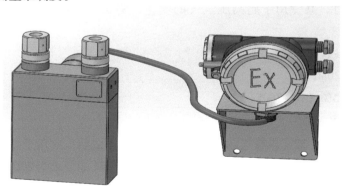

图 5-34　质量流量计外形

$\ominus$　$1 \text{tbf/in}^2 = 6.89 \text{kPa}$

目前普遍采用的流量计产品有德国 RHEONIK 流量计（图 5-35）和日本龙野流量计。德国 RHEONIK 流量计是我国最早应用的氢气流量计，也是目前我国多数加氢机生产企业采用的产品，该流量计的扭力杆振动管设计保证了稳定和无漂移的测量，且具有对外部噪声和振动不敏感、对管道压力变化不敏感，厚壁测量管安全性更高等优势。另外，扭力杆振动管模式可减少传感器机械应力，延长使用寿命，同时无可动部件也减少磨损和故障[59]。

其主要技术参数如下：

压力等级：137.9MPa

温度范围：-196~350℃

质量流量测量误差<0.10%

重复性优于 0.05%

响应时间≤30ms

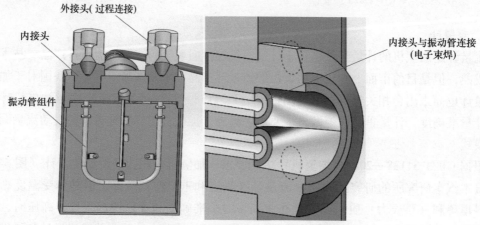

图 5-35　RHEONIK 流量计结构示意图

日本龙野流量计在日本应用较多，近一两年来开始在国内应用，是日本龙野专为加氢站设计的一款流量计，其专用于超高压氢气的测量，测量精度高，压损低，具备多功能转换器。

其主要技术参数如下：

最大耐压：120MPa

计量精度±0.5%（10~360kg/h）

使用温度：-50~85℃

目前，国内专用于加氢机氢气计量的流量计产品尚不成熟，应用于高压加氢机的流量计尚处于研发阶段，由于氢气密度低、分子量小，对于流量计的要求会更高。

3. 电子控制阀

为实现高压氢气的快速加注，并预防被加注气瓶内的温度上升过高，需在加注前段对氢气进行预冷的同时对气瓶内的压力上升速度进行有效控制。控制压力上升速度主要通过自动调节阀实现，氢气加注机控制系统通过采集过来的信号，经分析后，控制该阀的开度控制加注速率。目前最通用的分别是美国 TESCOM 的电子调压阀（图 5-36）和日本 FUJIKIN 的电子比例开度阀。

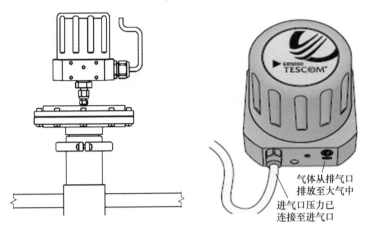

图 5-36　TESCOM 电子调压阀

TESCOM 的电子调压阀用于氢气加注压力控制，它主要包括电子调节器及调压器两部分，电子调节器是基于微处理器的 PID 控制器，可提供精确算法压力控制。

FUJIKIN 电子比例开度阀包括电子调节器及比例开度阀，电子调节器负责的是阀门开度的精确控制（图 5-37）。

4. 预冷换热器

根据 70MPa 加注控制要求，氢气气源需最低预冷至 −40℃，氢气瞬时流量可能高达 3kg/min，目前国际上应用案例较多的换热器类型主要有管式换热器和板式换热器。

管式换热器即通过氢气管路与制冷剂直接或间接进行热量交换，将高压氢气管路与制冷剂管路盘叠后浇铸铝液，铝液凝固后即形成一台固体热交换器（Alu Cold Fill，ACF）。目前应用案例较多的是林德的加氢站换热器，如图 5-38 所示。

图 5-37　FUJIKIN 电子比例开度阀

图 5-38　林德换热器

另一类应用较多的为板式换热器，主要是日本企业开发应用，包括神户制钢、WELCON、Orion 等推出了该类型加氢机用换热器。这类换热器将设计有流通孔道的不锈钢薄板通过焊接工艺进行层层熔接后，形成独立的氢气与制冷剂的通道，高压氢气与制冷剂通过层叠的不锈钢板进行热量交换。与管式换热器相比，板式换热器体积大大减小，重量轻，可以集成在加氢机内部，减少安装占地面积的同时方便现场安装，但这类换热器对加工工艺要求很高。图 5-39 和图 5-40 分别是 WELCON 换热器实物图和神户制钢换热器实物图。

图 5-39　WELCON 换热器实物图

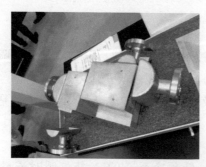 

图 5-40　神户制钢换热器实物图

5. 拉断阀

拉断阀（图 5-41、图 5-42）安装于加注软管和氢气加注机主管路之间的固定支架上，它的操作拉力是 300～600N，拉断阀两端分别装配有单向阀，当拉断发生时候，能够防止软管内部及氢气加注机主管路内的气体泄漏。建议，若此种情况发生，则需更换拉断阀，而不能继续使用已拉断的拉断阀。

目前拉断阀等关键零部件尚无国产，市场上常见的主流拉断阀主要来自德国的 WEH 公司和日本的 NITTO 公司。此外，德国 WALTHER、瑞士 STAUBLI 公司也有拉断阀产品。

拉断阀的主体由两个切断阀组成，切断阀普遍为采用弹簧力关闭的单向阀，单向阀主要由本体、阀瓣、主密封圈、主密封座、导流板等组成；而两切断阀依托拉断螺栓衔接固定，紧急状况下随着车辆的"逃逸"软管端会直接拉断衔接螺栓，起到拉断阀紧急断开的效果，此过程中无须电、液等外加动力。

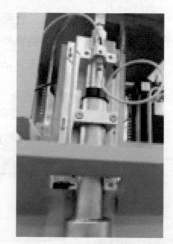

图 5-41　拉断阀

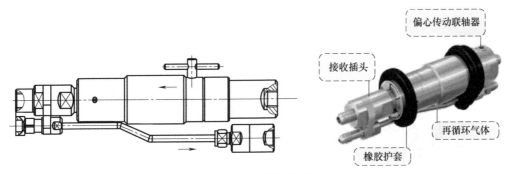

图 5-42　拉断阀结构图

5.3.4　加氢机维护

1. 加氢机的日常使用

1）引导泊车，熄火、关闭电源，驾驶人下车。

2）用静电接地夹给燃料电池汽车接地，释放静电。

3）氢气加注机上电，确认仪表气（氮气）调节压力至 800kPa。

4）35MPa 加氢枪操作：如图 5-43a，用加氢枪连接到燃料电池汽车的加注嘴上，旋转把手 180°，轻微拉动下加氢枪确保连接牢固。70MPa 加氢枪操作：如图 5-43b，用加氢枪连接到燃料电池车的加注嘴上，手动按下操作杆，轻微拉动下加氢枪确保连接牢固。

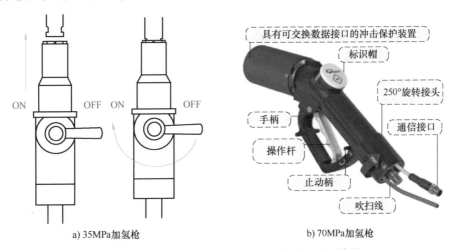

图 5-43　35MPa 加氢枪与 70MPa 加氢枪开启示意图

5）在金属键盘上选择合适的加注模式，设置停机条件后按下"开始加气"按钮开始加氢，满足停机条件后氢气加注机会自动停止加氢，当加氢机检测到异常或传感器故障时也会自动停止加氢，或者按下"结束加气"按钮，停止加注。在遇到氢气泄漏或火灾等紧急情况下，按下加氢机面板上的"紧急停止"按钮使加氢机断电，电磁阀失电从而停止加注。加氢软管压力达到目标压力，或者通信系统（如有）检测到压缩氢气储存系统温度超过 85℃、泄漏故障时，加氢机应结束加氢。

6）加注完成后，35MPa 加氢枪按图 5-44a 要求取下加氢枪，70MPa 按图 5-44b 往下拨动止动柄，再断开静电接地夹。

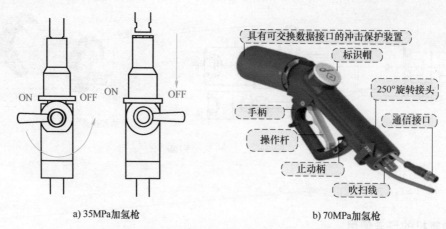

a) 35MPa加氢枪   b) 70MPa加氢枪

图 5-44　35MPa 加氢枪与 70MPa 加氢枪关闭示意图

7）数据记录，加氢机应显示加注总量和加注软管压力，还应记录每次加注的数据，包括下列几项：

① 日期及时间。

② 起始温度、压力。

③ 结束温度、压力。

④ 加氢次数。

⑤ 非正常加注结束：泄漏故障、通信系统信息或者检测到温度超过 85℃。

8）加氢结束后取下静电线，引导车辆离开。

2. 加氢机的日常维护

氢气加注机配备有可燃气体探测仪且管道处于高压。在进行日常维护和大修之前，确保氢气加注机管道内部的氢气被完全放空，且维护和大修工作必须由经过培训和授权的人员来进行操作。

（1）主要器件维护

1）流量计保养：流量计是加气机电控系统仪中最核心的部件之一（图 5-45），保养措施主要是将过滤器内部油污控制好，否则流量计内部粘附了油污污垢后会影响流量计计量准确度，甚至导致流量计的传感器损坏。另外，禁止使用重物或金属物体对流量计外部封装铁壳进行敲击，以防损坏流量计传感器。

2）加气高压软管保养：平时需要对加气高压软管外部做防摩擦保护（图 5-46），防止软管外部橡胶层与地面和金属物摩擦后破损漏气或鼓包，此情况严重时可能会造成人身伤害。应确保内部的气体压力处于20MPa 左右。由于长时间受高压、使用摩擦以及弯曲影响，高压软管一般需 1~2 年更换一次，以保证安全使用[60]。若长时间不使用设备，需要将加气软管内部的高压气体泄放，减少软管受压时长，软管的静电接地必须符合要求。

3）主板保养：防止机壳内部进水受潮，对容易进水的地方做防水处理，做好防尘处理。在雷雨天气时，应关闭加氢机电源以及上位机电脑的电源，以防止雷击。

图 5-45   流量计

图 5-46   加气高压软管

4）液晶屏保养：防止机壳内部进水受潮，对容易进水的地方做防水处理，做好防尘处理。不能用重物敲击显示板。

5）触摸屏保养：防止机壳内部进水受潮，对容易进水的地方做防水处理，做好防尘处理。不能用重物敲击显示板。

6）显示控制盒保养：防止机壳内部进水受潮，对容易进水的地方做防水处理，做好防尘、防静电处理。

7）压力变送器保养：及时检查管道中油污或杂质并清洁管道，避免损坏压力传感器。定期进行送检。

8）小票打印机保养：热敏打印头是易损原件，正常使用寿命为 50000 次左右，严禁开盖打印，禁止向下撕纸；为使打印更为清晰，环境温度过高时调淡打印字迹，环境温度过低时调浓打印字迹；并对打印机做除尘保养[60]。

（2）日常检修内容

1）设备状况。

2）加氢枪，拉断阀组件和加氢枪外观表面视觉检查。

3）管道连接件，接头，焊点，阀门周围等部位检漏。

4）加注终了压力检查。

5）断码屏显示内容检查。

6）保持加氢枪清洁。

7）清洁氢气加注机外壳污渍。

8）仪表驱动气入口汽水分离器检查，一旦发现滤芯失效及时更换。

（3）月度检查内容

1）检查电气连接和继电器功能。

2）检查流量计计量效果并重新校准。

3）清洗加氢枪喷嘴，喷涂润滑剂于加氢枪喷嘴连接处。

（4）半年检查内容

1）压力测试（管内压力为 1.25 倍额定工作压力），检查加氢枪与软管连接的强度和牢固性。

2）更换或清洗氢气过滤器。

3）检查急停按钮的功能。

（5）外观清洗

氢气加注机的清洗通过普通的清洗材料即可完成。

注意：勿采用带尖刺的材料清洗，防止对氢气加注机的外观造成磨损。

注意：过滤器可以从气源中过滤出灰尘等污染物，以此来保护氢气加注机内部的设备部件和燃料电池汽车。使用过久的、过脏的过滤器可能对氢气加注机的性能造成不利影响，导致其所保护的部件更易失效。

（6）使用注意事项

1）禁止在有压力的情况下拆卸内部的任何部件。

2）禁止倾斜安装。

3）设备工作期间，禁止 4m 内所有可能火花源（如发动机、手机、非防爆电气设备）。

4）严禁超温、超压运行。

5）若有发现异常现象，必须及时停止设备运行，并向相关人员报告。

6）严禁未培训的人员进行操作。

7）设备必须接地线后，才允许使用。

（7）常见异常情况及应对措施

常见异常情况及应对措施见表 5-12。

表 5-12　加氢机常见异常情况及对应措施

序号	常见异常问题描述	措施
1	软管破裂	更换软管
2	氢气不纯，内部有堵塞	过滤器清洗或更换过滤器
3	阀门发生泄漏	更换相对应的阀门及配件
4	设备长时间运行，管道产生振动，管阀件接口处可能发生泄漏	更换接头及相连接的管道
5	加氢枪发生泄漏	更换加氢枪

5.4　加氢站设备其他设施

5.4.1　卸气柱及其维护

氢气卸气柱为氢气管束车卸气专用设备，通过泊车位内的卸气柱，将氢气从管束车内卸载，并输送至氢气压缩机进行增压作业[61]。卸气柱由软管、拉断阀、就地及远传压力监测、安全阀、紧急切断阀组成，可以选配质量流量计。卸气柱的基本运行原理见图 5-47。

卸气柱维护具体要求如下：

1）卸气柱与氢气运输车辆相连的管道上应设置拉断阀并宜设置防甩脱装置，拉断阀应满足下列要求[55]：

① 拉断阀分离拉力为 600~900N。

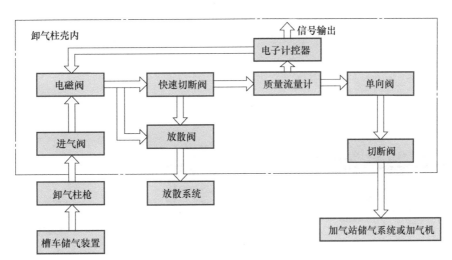

图 5-47　卸气柱的基本运行原理图

② 超过限值的外力作用下，拉断阀可断开，断开后各部分端口应能自动封闭。

③ 在外力作用下自动分成的两部分的拉断阀可重新连接并能正常使用。

2）卸气管道上应设置能阻止粒度大于 $10\mu m$ 的固体杂质颗粒通过的过滤器。

3）卸气柱应设置紧急切断阀、泄放阀、就地和远传压力测量仪表。

1. 卸气柱产品组成

（1）卸气软管（选配带拉断阀型软管）

卸气软管被专门设计用于高压氢气卸车（图 5-48），导电软管进行了静电导电处理，能够有效防止静电累积。同时增加了防甩钢丝，防止卸气软管在卸气过程中随意甩动，保障了操作人员的安全及设备的安全。

（2）过滤器

每个系统入口安装一个过滤器（图 5-49），以确保任何从上游过来的异物能够被有效地过滤，避免对氢气卸气柱中的仪器仪表管路系统造成损害。

图 5-48　卸车软管

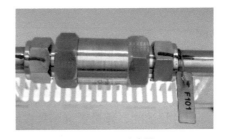

图 5-49　过滤器

图 5-50 为过滤器的结构图。专门的设计使得过滤器结构紧凑、过滤面积大，滤芯更换方便。

（3）单向阀

每个加氢系统都安装有一个单向阀（图5-51），以防止气体倒流，对氢气卸气柱中的其他部件造成损害。

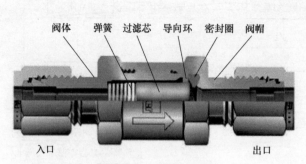

图 5-50　过滤器结构图

图 5-51　单向阀

图 5-52 为单向阀结构图。

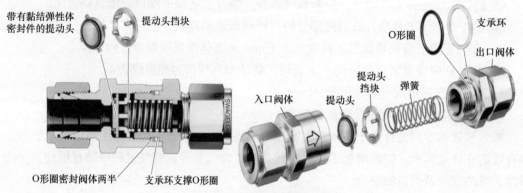

图 5-52　单向阀结构图

单向阀在生产厂中都用检漏液检查其开启和再封闭性能。具有固定开启压力系列的单向阀在测试之前，要循环六次。每个阀门都要进行测试，以确保其能在适当的再封闭压力下在 5s 内密封。具有可调节开启压力系列的单向阀必须在两个压力点进行测试。所有阀门都在低压设置和高压设置下进行了测试。在适当的再封闭压力下，所有阀门都必须在 5s 内密封。

（4）拉断阀

卸气柱所采用的拉断阀与加氢机使用的拉断阀结构、原理相同，安装于卸车软管和卸气柱主管路之间。

（5）质量流量计、流量变送器

它们具备卸车计量功能，计量管束车每次卸车氢气的总质量（图5-53）。

图 5-54、图 5-55 分别为紧凑型质量流量计和远程型质量流量计结构图，它们具有的功能特性分别如下：

① 耐用，无可动部件，使用寿命长。

② 良好的重复性。

图 5-53　质量流量计、流量变送器示意图

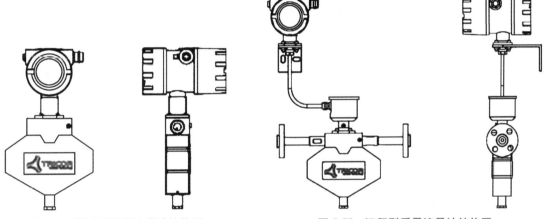

图 5-54　紧凑型质量流量计结构图　　　　图 5-55　远程型质量流量计结构图

（6）紧急切断阀

它用于在发生异常情况下，紧急切断氢气的流通、保护设备内的零部件（图 5-56）。

紧急切断阀由气动执行器和阀体构成，带阀位反馈，仪表气通过电磁阀给气动执行器供气，控制阀体的开闭（图 5-57）。

2. 日常使用注意事项

1）检查管路各连接处牢固无损坏，零部件完好。

2）确保氮气供气正常。

3）用静电接地夹给长管拖车接地。

4）用氢气卸气柱软管连接长管拖车。

5）打开氮气置换操作阀对氢气卸气柱进行吹扫 0.5min。

6）关闭氮气置换阀，打开进气阀。

7）卸气结束后，关闭进气阀。

8）打开放空阀，断开与长管拖车的连接，才可取下静电接地夹。

图 5-56 紧急切断阀

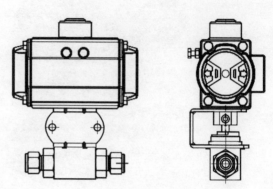

图 5-57 紧急切断阀结构

3. 维护保养方法

在进行日常维护和大修之前，确保氢气卸气柱管道内部的氢气被完全放空，且维护和大修工作必须由经过培训和授权的人员来进行操作。

（1）主要器件维护

1）单向阀保养措施：单向阀（图 5-58）的损坏，主要是内部阀芯损坏或是阀芯上的 O 形圈损坏，此时会出现卸气时候发出异响、不能起到单向阀的作用。一般单向阀损坏是无法维修的，只能更换整体。

2）拉断阀保养措施：每周检查一次出气嘴与拉断阀主体的连接是否过紧（检查内容：旋转拉断阀主体时看是否有卡涩或无法转动的情况，若出现异常情况应拆开拉断阀（图 5-59），并清理内部的杂质或更换新的拉断阀）。O 形圈为易损件，正常使用寿命为 1 年，如果拉断阀被拉断则必须更换 O 形圈。

3）电磁阀保养措施：电磁阀（图 5-60）是一个工作使用频繁度很高的阀件，电磁阀阀芯容易损坏，一定要控制好气体里面的油污和杂质，油污积累过多会导致电磁阀阀芯腐蚀，

图 5-58 单向阀

图 5-59 拉断阀

图 5-60 电磁阀

磨损增大，会导致不提阀，或者电磁阀漏气等现象。只要电磁阀阀座没有损坏，利用维修包就能处理好电磁阀问题，主阀芯的正常使用寿命一般为 1 年。

（2）日常检修

1）设备状况。

2）软管和连接接头的外观表面视觉检查。

3）管道连接件、接头、焊点、阀门周围等部位检漏。

4）清洁氢气卸气柱外壳污渍。

（3）半年检修

1）压力测试（管内压力为 1.1 倍额定工作压力），检查连接接头与软管的连接处强度和牢固性。

2）更换或清洗氢气过滤器。

（4）外观清洗

氢气卸气柱的清洗通过普通的清洗材料即可完成，勿采用带尖刺的材料清洗，防止对氢气卸气柱的外观造成磨损。

注意：过滤器可以从气源中过滤出灰尘等污染物，以此来保护氢气卸气柱内部的部件和后面设备。使用过久的、过脏的过滤器可能对氢气卸气柱造成不利影响，导致其所保护的部件更易失效。

4. 使用注意事项

1）禁止在有压力的情况下拆卸内部的任何部件。

2）禁止倾斜安装。

3）设备工作时，4m 内禁止出现所有可能存在的火花源（如发动机、手机、非防爆电气设备）。

4）严禁超温、超压运行。

5）若有发现异常现象，及时停止设备运行并向相关人员报告。

6）严禁未培训的人员进行操作。

7）设备必须接地线后，才允许使用。

5. 常见异常情况及应对措施

常见异常情况及应对措施见表 5-13。

表 5-13　常见异常情况及应对措施

序号	常见异常问题描述	措施
1	软管破裂	更换软管
2	氢气不纯，内部有堵塞	过滤器清洗或更换过滤器
3	阀门发生泄漏	更换相对应的阀门及配件
4	设备长时间运行，管道产生振动，管阀件接口处可能发生泄漏	更换接头及相连接的管道

5.4.2 顺序控制阀组及其维护

顺序控制阀组是将加氢站顺序控制工艺上的所有自动、手动控制阀、安全阀、单向阀等集于一体的设备。一般组成包括九阀组和八阀组,其中九阀组是由 9 个高压电磁阀、9 个单向阀、9 个中压针阀、3 个放空手阀和相匹配的接头、电气接线箱以及整体框架结构件等组成的。八阀组是由 8 个高压电磁阀、8 个单向阀、8 个中压针阀、3 个放空手阀、1 个安全阀、1 个压力变送器和相匹配的接头、电气接线箱以及整体框架结构件等组成的。

顺序控制阀组连接氢气卸气柱(如需要)、氢气压缩机、储氢容器和加氢设备,采用分级加注模式。经氢气压缩机压缩后获得的高压氢气,经顺序控制阀组顺序控制后,分至各级储氢容器。氢气加注时,氢气加注机通过顺序控制阀组按照分级要求顺序从储氢容器取气,保证最大取气率。储氢容器中压力不足时,可以使用氢气压缩机直充模式。

1. 设备原理

九阀组和八阀组顺序控制阀组工艺原理图见图 5-61、图 5-62。

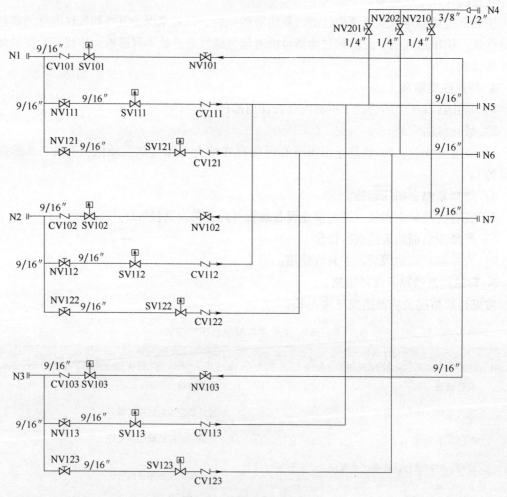

图 5-61　九阀组工艺原理图

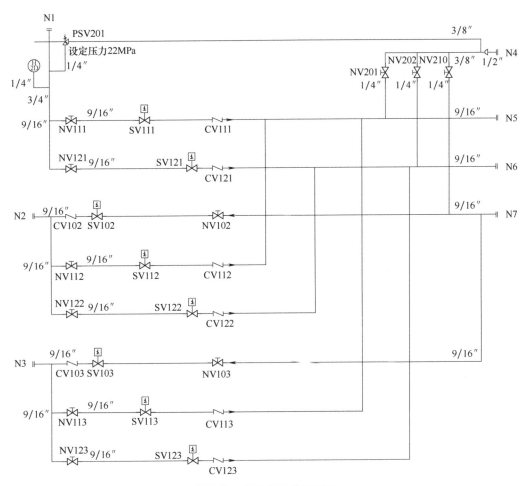

图 5-62　八阀组工艺原理图

2. 设备组成

（1）中压针阀

中压针阀（图 5-63）在高压电磁阀前的管路上安装，目的是实现管路气体的通闭；同时在高压电磁阀损坏的情况下，依旧能实现手动控制管路气体的通闭。

如图 5-64 所示，中压针阀由阀体、阀帽、上阀杆、下阀杆、手柄等组件构成，阀体一般采用管螺纹与外接管路连接。

（2）单向阀

单向阀（图 5-65）在管路上防止气体倒流，同时可提高高压电磁阀的使用寿命。单向阀按照密封性形式，分为软密封提升阀芯单向阀和球面密封提升阀芯单向阀。

单向阀的结构如图 5-66 所示。

（3）高压电磁阀

高压电磁阀（图 5-67）通过电信号来控制电磁阀的开闭，便控制管路气体的通闭。高压电磁阀采用高压圆锥体螺纹连接方式，可耐高压，保证了系统安全。它的结构如图 5-68 所示。

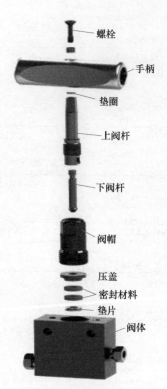

螺栓

手柄

垫圈

上阀杆

下阀杆

阀帽

压盖

密封材料

垫片

阀体

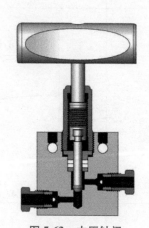

图 5-63 中压针阀

图 5-64 中压针阀结构图

软密封提升阀芯单向阀

软密封提升阀芯—O形密封圈，用于快速切断和防漏密封

球面密封提升阀芯单向阀

球面密封提升阀芯-金属对金属密封，用于无需密封关闭的快速循环或严苛环境

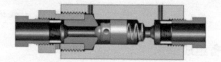

图 5-65 单向阀

压盖螺母

O形密封圈

提升阀芯

弹簧

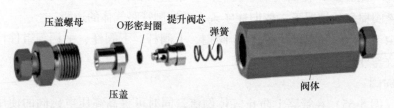

压盖

阀体

图 5-66 单向阀结构图

（4）手动针阀

手动针阀（图 5-69）用于氢气的泄放，由阀体、阀帽、上阀杆、下阀杆、手柄等组件构成，阀体主要使用管螺纹与外接管路连接。

（5）顺序控制阀组支架

顺序控制阀组支架采用 201 不锈钢制作，用以固定各零部件。

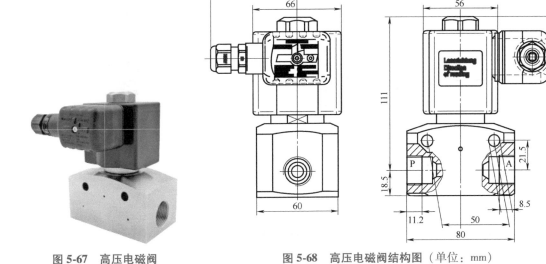

图 5-67　高压电磁阀　　　　　　图 5-68　高压电磁阀结构图（单位：mm）

（6）连接管路及管阀件

它使用高压钢管、不锈钢钢管及管阀件，将主要零部件进行连接，确保管路流通顺畅。

（7）接线箱

接线箱（图 5-70）是高压电磁阀的电源接入及信号控制汇集处。它的结构如图 5-71所示。

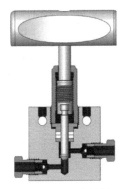

图 5-69　手动针阀

图 5-70　接线箱

（8）安全阀（九阀组无）

安全阀（图 5-72）用于保护前端氢气卸气柱进口压力不高于设定值，若高于设定值，则会泄放，以保护前端设备及相关零部件的安全。

如图 5-73 所示，安全阀主要由帽盖、弹簧、锁紧螺母、方形密封件、O 形圈、防松丝孔、端接组成。

（9）压力变送器（九阀组无）

压力变送器（图 5-74）用于检测前端氢气卸气柱进口压力，并把压力值反馈给站控系统。压力变送器具有超高的抗振性和压力尖峰耐受性，并能有效防止水分侵入。它的结构如图 5-75 所示。

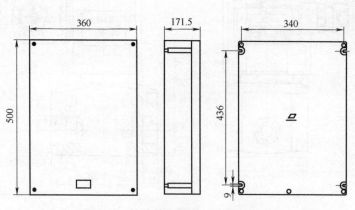

图 5-71　接线箱结构图（单位：mm）

图 5-72　安全阀

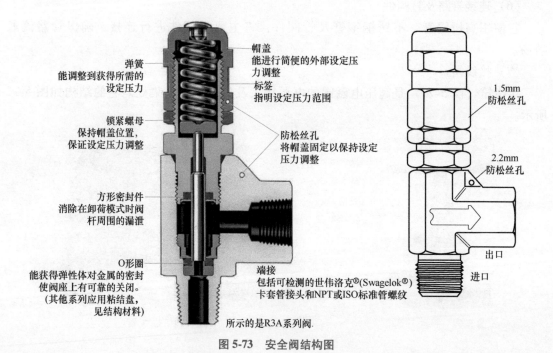

图 5-73　安全阀结构图

图 5-74　压力变送器

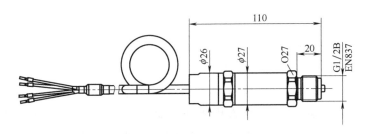

图 5-75 压力变送器结构图

5.4.3 仪表氮气系统及其维护

仪表氮气系统是一种气体汇流排装置，该系统将多只钢瓶气体通过阀门、导管连接到汇流总管，以便同时对这些钢瓶充气；或经减压、稳压后由管道输送到使用场所的专用设备，以保证用气器具的气源压力稳定可调，并达到不间断供气的效果。仪表氮气系统采用压缩氮气为气源，利用氮气集装格供气，为设备和现场阀件提供驱动气和吹扫气。

1. 操作原理和操作说明

1）开启：禁止突然开启，缓慢开启减压阀前截止阀，否则会造成高压冲击使减压阀失灵。

2）减压阀装有安全阀，当压力超过许用值时，自动打开排气，压力降到许用值即自行关闭，平时切勿扳动安全阀。

3）安装时，应注意连接部分的清洁，防止杂物进入减压阀。

4）连接部分发生漏气的原因有螺纹拧紧力不够、垫圈损坏，排除时应拧紧或需更换密封垫圈。

5）发现减压阀有损坏或漏气、低压表压力不断上升及压力表回不到零位等现象，应及时进行检修维护。

6）氮气汇流排禁止安装在有腐蚀性介质的地方。

7）氮气汇流排禁止逆向向气瓶充气。

2. 保养及维修

只有取得相应资质且被授权的操作人员才能对设备进行相应的维护处理，任何违规操作将会导致不可预知的伤害后果。

（1）月度检查

设备状况，管道连接件、接头、焊点、阀门周围等部位检漏，清洁氮气汇流排外壳污渍。

（2）半年检查

压力测试（管内压力为 1.25 倍额定工作压力），检查软管连接的强度和牢固性。

（3）外观清洗

氮气汇流排的清洗通过普通的清洗材料即可完成。注意：勿采用带尖刺的材料清洗，防止对氮气汇流排的外观造成磨损。

5.5 加氢站站控系统

加氢站站控系统主要在加氢站中实现设备控制、工艺联动、安全连锁形成全站的监控、管理、数据中心并提供站内运行的人机界面。加氢站站控系统常规配置以可编程控制器（PLC）为核心，对全加氢站压缩机组、加氢机组、阀组及技术防护系统进行集中控制及管理，实现人、车、站和设备间的全面智能管理和安全监控、加氢站运行过程中数据实时记录和存储，并支持查询功能和数据分析、支持加氢站设备生命周期增压、充装数据管理、加氢站设备健康维护管理，如图 5-76 所示。

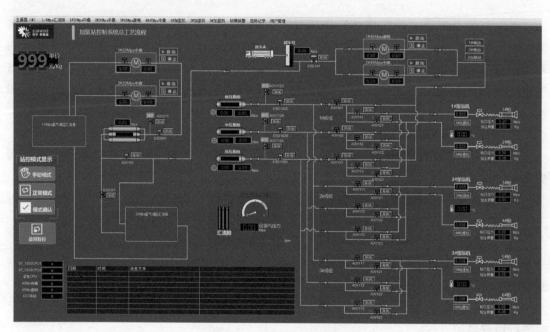

图 5-76　加氢站站控系统

5.5.1　工艺控制系统

工艺控制系统是加氢站站控系统中的核心组件，通过采集站内设备（现场仪表阀门、压缩机）的状态字、控制字，对比分析，结合人工发出的运行指令，通过 TCP、ModbusRtu 或者其他通信协议以及硬线信号对站控设备压缩机、瓶组及工艺阀门的监控和管理，完成增压、存储、加注等各种工艺过程的采集、控制、显示、报警等监控功能，又具有参数查询、历史记录查询等功能，具体功能如下：

1）根据站控系统命令进行压缩机组的启动、停止、增压等工作。

2）根据站内储氢罐的压力自动分配压缩机对储罐的增压的优先级。

3）压缩机、加氢机、阀组的运行参数的监控及显示。

4）与压缩机、加氢机、阀组、储罐等设备相关的阀门控制状态的控制及状态监视。

5）增压、加氢过程以及设备日常数据、曲线记录与显示。

1. 数据采集和处理

加氢站站控数据采集和处理系统通过 TCP 协议对加氢站控制机柜对加氢站常规设备及工艺系统的过程参数进行实时在线、采集和预处理，然后送入数据显示和处理系统，对加氢站所有信息进行统一的处理，为运营人员提供监控生产过程画面、超限报警、制表打印、事件记录、历史数据存储以及远程操作等功能。

1）加氢站关键数据在加氢站站控数据采集和处理系统显示当前或历史趋势，可根据不同的需要选择当前趋势、历史趋势。

2）加氢站站控数据采集和处理系统通过采集分析，对各个关键点进行故障报警和故障诊断，记录加氢站的异常情况，并显示当前或历史发生的故障或者警告。

3）加氢站站控数据采集和处理系统通过报表显示当前或历史加氢站的运行参数，用户可以根据需要选择所需的各个时间段的归档数据。

2. 增压控制

增压控制主要完成对加氢站工艺系统、各设备间的自动调整，能根据加氢站显示的氢气存储情况对对应的储罐进行增压控制。加氢站正常运行时，在正常增压过程中，如果高压储罐不能满足加氢机使用，则系统自动调整增压对象，优先保证加氢站的正常运营。

3. 顺序逻辑控制

站控系统在加氢站运行过程中，根据工况的不同实际需求，对加氢站的阀门根据一定的工艺逻辑对阀门进行打开、关闭或按比例打开关闭，通过不同的动作策略实现加氢站各设备间的联动和顺序控制，同时也能保证关闭发生故障设备之间的管道，发生重大事故时可以及时高效地切断整站的管道控制，保障加氢站的安全。

5.5.2　技防控制系统

加氢站的技术防护控制系统主要包括主动防护和被动防护两大类。其中主动防护主要通过专家系统等功能对设备运行中产生的数据进行收集和分析，根据数据的趋势以及设备的运行时间对潜在可能发生故障的设备进行主动报警或提示维护等工作；被动防护主要是通过常规的可燃气浓度传感器、火焰报警探头、紧急停车控制系统等设备对加氢站运行过程中的设备进行主动干预。

1. 可燃气报警系统

根据相关工艺要求，在压缩机区、储罐区、加氢区、卸气区等区域设置氢气浓度探测器（图 5-77），通过检测泄漏的氢气浓度并在浓度达到一定范围值时进行报警。站控系统通过实时采集监控可燃气体探测器的 4~20mA 模拟量信号和捕捉动作状态信号实现加氢站整体报警连锁和切断控制功能。

2. 火焰报警系统

在氢气增压机区、储氢瓶组区、氢气加注区等区域设置火焰探测器（图 5-78），它的信号引入火焰检测报警系统。当火焰探测器探测到火焰信号时气体和火焰检测报警系统启动声光报警装置，同时向站控系统发送报警信号，切断站内所有氢气管线阀门，停止所有动设备运行，确保站场人员和设备安全，同时向站内消防系统提供报警和启动信号。

图 5-77　氢气浓度探测器

图 5-78　火焰探测器

火焰探测器的视野（FOV）或视锥是一个三维圆锥体，其顶点位于火焰探测器的中心并向外延伸。FOV 通常由探测器的外壳、窗口的大小和形状以及传感器的位置决定。不同制造商的 FOV 可能在 70°～120°之间变化。较大的 FOV 并不意味着火焰探测器的性能会更好。不同的应用需要不同的视野以实现区域覆盖。较小的危险区域和某些应用需要精确的覆盖范围，以使探测器的 FOV 不会超出预期覆盖的范围。

3. 紧急停车（ESD）控制系统

紧急停车（Emergency Shutdown Device，ESD）系统主要由独立设备 ESD 和加氢站站控 ESD 两套相对独立的系统组成。

1）设备 ESD 主要是各设备本体的紧急停车系统，人工确认触发后停止此 ESD 相关设备，不影响整站运行。

2）加氢站站控 ESD 信号来自于加氢站区域内设置的人工紧急干预按钮，一旦人工确认触发后紧急切断整个加氢站除站控之外的所有设备的电源以确保设备及人身安全。

3）其他安全连锁 ESD，例如站内关键设备超压、关键区域氢气严重泄漏、关键区域火焰报警，则触发安全连锁 ESD，安全连锁 ESD 功能等同于加氢站站控 ESD。

4. 专家系统

1）连续监测反应预计运行事件的各种保护参数和一些安全级设备的运行状态，一旦所检测的参数超出允许值或者安全级设备出现故障，立即给出报警和相应的触发安全动作信号，以保证发生预计运行事件时，加氢站系统内所有的设备不超出规定的设计限值。

2）当检测到加氢站运行出现异常瞬态或事件时，立即自动触发设备停机，紧急关断阀门，把异常瞬态或事件的影响减到最小。

3）当监测到的加氢站运行出现事故工况时，除自动触发停止运行外，还自动触发相应的专设安全设施动作，把事故工况的后果减到最小。

4）在检测到加氢站内发生严重事故或储氢容器发生严重超压的情况下，根据实际情况强制排出储氢罐内部分或全部氢气。

5）给出故障连锁关闭信号，在故障或一定工况下关闭保护或投入保护，用来保证加氢站在安全的情况下切换工作模式或进行单机操作。

5. 非安全级控制系统及监控系统

非安全级控制和监控系统执行了加氢站安全保护系统之外的所有设备的控制功能、参数监视及日常操作记录等功能，确保加氢站能够按照既定目标进完成制、储、加氢任务，主要执行如下任务：

1）为通过布置大量的模拟量和数字量信号传感器，对加氢站的生产、运行提供必要的控制和监视手段。

2）通过硬件和通信的方式与安全级保护系统进行必要的信号交换和安全联锁。

3）通过硬线或通信的方式与第三方的控制系统进行数据交换和安全联锁。

4）通过传感器及算法对加氢站储罐进行压力控制和信号监测。

5.5.3　加氢站站控系统维护

加氢站站控系统日常维护包含了控制室管理、操作员站管理、系统软件管理以及控制柜和网络机柜的日常管理。

1. 控制室管理

1）密封所有可能引入灰尘、潮气和鼠害或其他有害昆虫的走线孔（坑）等（如控制室采用架空进线方式，电缆穿墙处采用密封模块、防水沙袋等）。

2）保证空调设备稳定运行，保证室温变化小于 5℃/h，避免由于温度、湿度急剧变化导致在系统设备上的凝露。

3）避免在控制室内使用无线电或移动通信设备，避免系统受电磁场和无线电频率干扰。

4）加强准入人员权限、钥匙的管理，严禁非相关人员进入控制室区域。

2. 操作员站硬件管理

1）操作员电脑应保持清洁，防灰防水，严禁擅自改装、拆装操作员电脑。

2）键盘与鼠标操作必须用力适当，轻拿轻放，避免尖锐物刮伤表面。

3）尽量避免电磁场对显示器的干扰，避免移动运行中的工控机、显示器等，避免拉动或碰伤设备连接电缆和通信电缆等。

4）显示器应远离热源，保证显示器通风口不被他物挡住。

5）在进行显示器连接或拆除前，请确认计算机电源开关处于"关"状态；严禁在已上电情况下进行连接、拆除或移动操作员站主机。

6）操作员站主机电源接地线应与系统的工作地相连，减少干扰。

7）注意保持操作员站主机散热性，经常检查并清洗设备滤网。

3. 加氢站控制系统软件管理

1）定期对操作员站上位机系统软件和数据进行备份。

2）定期对站控系统以及站控部件设备 PLC 进行程序备份。

4. 操作员站检查

1）定期检查主机、显示器、鼠标、键盘等硬件是否完好。

2）定期检查实时监控工作是否正常，包括数据刷新、各功能画面的（鼠标和键盘）操作是否正常。

3）定期查看故障诊断画面，是否有故障提示。

5. 加氢站控制柜与网络机柜管理与检查

加氢站控制柜如图 5-79 所示。

1）严禁在正常工作时或非检修时间擅自打开柜门。

2）严禁擅自改装、拆装系统部件、定期对系统部件以及直流电源模块功能进行检查。

3）严禁擅自改动或碰伤供电线路、定期检查控制柜端子接线是否有松动。

4）定期清扫站控系统控制柜风扇滤网。

5）定期检查站控柜工作是否正常，有无故障显示（查看指示灯和上位机电脑故障指示）。

图 5-79　加氢站控制柜

6）定期检查接柜内端子排、设备连接导线以及地线连接是否牢固、不得拉动或碰伤通信电缆。

7）系统上电后，通信线或导线接头不能与机柜等导电体相碰，互为冗余的通信线、通信接头不能碰在一起，以免烧坏通信网卡。

5.5.4　加氢站站控系统特点

加氢站站控系统具有以下特点。

1. 可靠性

加氢站站控系统将系统的功能分散于各控制器上（非分散型高集成度系统采用冗余系统控制器），因此某一台设备出现的故障不会导致系统其他功能的丧失。此外，由于系统中各控制器所承担的任务比较单一且采用特定或专用的控制器，从而使系统中每套子系统的可靠性也得到提高。

2. 开放性

站控系统采用分布式、标准化、模块化的设计，系统中各控制器采用局域网方式（TCP）通信实现数据传输，当需要改变或扩充系统功能时，可将新增控制器方便地连入系统通信网络或从网络中卸下，几乎不影响系统中其他设备的工作。整个系统数据共享，在站控 CPU 的组织下协调工作，完成控制系统的总体功能。

3. 灵活性

站控系统根据每个站的工艺不同灵活选取 PLC 加分布式模块，通过以太网组成控制网络。通过组态软件（WINCC、组态王等）根据不同的流程应用对象进行软件组态，从图形库调用基本图形组成所需的各种监控和报警画面，从上位机显示需要的各种状态以及变量信号，从而方便地组成加氢站站控系统。

4. 易维护性

针对单功能设备使用小型或微型专用控制器，具有维护简单、方便的特点，当某个控制器或相关信号采集设备出现故障时，可以在不影响整个系统运行的情况下在线更换，迅速排除故障。

5. 安全性

站控系统采集加氢站内氢气浓度、火焰报警、压力信号等关键信息，通过冗余或者重复设计切断回路，确保发生情况时，系统能够快速、安全地切断整个系统。

课 后 习 题

一、填空题

1. 外供氢型的高压气态加氢站的主要设备有：_____、_____、_____、卸气柱、顺序控制盘、氮气吹扫装置、控制系统、监控系统等。

2. 目前，国内常见的压缩机有_____、_____、_____。

3. 加氢站的核心三大设备有_____、_____、_____。

4. 按照氢气储存形态不同，加氢站主要有_____、_____。

5. 实际加氢站建设中，35MPa 的加氢站通常采用最高储氢压力为_____ MPa 的储氢容器，70MPa 加氢站选用_____ MPa 的储氢容器。

6. 国内加氢站用储氢罐主要采用_____结构形式，这是我国首创的一种压力容器结构形式。

7. 我国对燃料电池电动汽车加氢枪设计应满足_____标准中的相关规定。

8. 加氢站站控系统主要功能有_____、_____。

9. 氢气卸氢柱为氢气管束车卸气专用设备，主要组成部件有：软管、就地及远传压力监测、_____、紧急切断阀。

二、单选题

1. 压缩机气缸组件中主要零件中下列选项不包括哪一项？（　　）

A. 缸盖　　　　　　　　　　　　B. 铁片

C. 配油盘　　　　　　　　　　　D. 缸体

2. 下列选项中（　　）是目前我国加氢站最常见的储氢方式？

A. 高压气态储氢　　　　　　　　B. 低温液态储氢

C. 金属氢化物储氢　　　　　　　D. 有机化合物储氢

3. 加氢站中使用的储氢容器的设计制造需符合下列哪一项国家/行业标准？（　　）

A. Q/SHJ05《站用储氢钢制无缝瓶式压力容器及容器组》

B. Q/LNQ 019《加氢站用储氢瓶式容器组》

C. GB/T 26466—2011《固定式高压储氢用钢带错绕式容器》

D. TSG 21—2016《固定式压力容器安全技术监察规程》

4. 加氢机计量一般采用那种流量计？（　　）

A. 科里奥利质量流量计　　　　　B. 差压式流量计

C. 容积式流量计　　　　　　　　D. 电磁流量计

5. 下列选项中哪项不属于加氢枪组成部分？（　　）

A. 上下阀体   B. 快插接头组件

C. 过滤组件   D. 防爆组件

三、简答题

1. 请简述"氢脆现象"的影响及危害？

2. 请简述储氢容器选用需要满足的条件有哪些？

3. 请问加氢机有哪些零部件组成？

4. 为解决加氢机加注时"焦尔-汤姆孙效应"对加氢设备造成一定的安全隐患，请问有哪些解决措施？

参 考 文 献

[1] 朱琴君，祝俊宗. 国内液氢加氢站的发展与前景 [J]. 煤气与热力，2020，40（7）：15-19.

[2] 奉双，彭尔康，杨健. 冲模导柱国家标准与 ISO 国际标准的对比分析 [J]. 模具工业，2014，40（7）：43-51.

[3] 崔克请. 安全工程大辞典. 北京：化学工业出版社，1995.

[4] 加氢站主要工艺设备选型分析 [Z/OL].（2021-07-27）[2022-03-21]. https：//wenku. baidu. com/view/d5adc37874232f60ddccda38376baf1ffc4fe3bf. html.

[5] 徐文强. 隔膜压缩机在 HCNG 站的应用 [J]. 产业与科技论坛，2012（6）：99-100.

[6] 黄永明. 隔膜压缩机的故障分析及排除方法 [J]. 石油和化工设备，2014，17（5）：55-56.

[7] 吴波，吴立志，王兴国，等. 隔膜压缩机膜腔型线的分析研究 [J]. 压缩机技术，2008（4）：1-4.

[8] 王建松. 隔膜压缩机膜片层间作用机理及耐磨强化研究 [D]. 徐州：中国矿业大学，2015.

[9] GL4-350/23-100 型隔膜式压缩机操作说明书 2 [Z/OL].（2014-12-30）[2022-03-31]. https：//www. docin. com/p-1007767157. html.

[10] 氮压机操作 [Z/OL].（2017-06-22）[2022-04-05]. https：//max. book118. com/html/2017/0622/117238228. shtm.

[11] 隔膜压缩机和液压驱动往复活塞压缩机的基本特点 [EB/OL].（2019-03-04）[2022-03-06]. https：//max. book118. com/html/2019/0302/8004023137002010. shtm.

[12] 郝加封，张志宇，朱旺，等. 加氢站用氢气压缩机研发现状与思考 [J]. 中国新技术新产品，2020（11）：7-10.

[13] 中国汽车技术研究中心有限公司荷兰皇家壳牌集团. 中国车用氢能产业发展报告：2019 [M]. 北京：社会科学文献出版社.

[14] 陈如意，简建明. 大型氢气隔膜压缩机的开发及应用 [C]. 2014：47-50.

[15] 张彦纯. 加氢站主要工艺设备选型分析 [J]. 上海煤气，2019（6）：18-22.

[16] 马建华. 往复活塞式压缩机的运行维护 [J]. 中国盐业，2012（18）：35-37.

[17] 张康. 关于多级活塞式压缩机的应用 [J]. 中国科技博览，2014（27）：3.

[18] 王旭. 浅谈活塞式压缩机安装工艺 [J]. 科技风，2012（11）：8384-8385.

[19] 燃料电池专题报告之加氢站深度研究 [R/OL].（2019-08-20）[2022-04-01]. https：//www. vzkoo. com/read/31314869bd2e98ba191d02bc29831e87. html.

[20] 隔膜压缩机单机试车方案 [Z/OL].（2017-12-21）[2022-04-01]. https：//www. mayiwenku. com/p-373045. html.

[21] 氮压机操作 [Z/OL].（2017-06-22）[2022-04-02]. https：//max. book118. com/html/0622/117238228. shtm.

［22］压缩机单机试车方案［Z/OL］.（2016-11-27）［2022-03-31］. https：//www. docin. com/p-1796322310. html.

［23］隔膜压缩机安装试车浅谈［Z/OL］.（2020-12-25）［2022-04-01］. https：//wenku. baidu. com/view/1e0e1daf16791711cc7931b765ce050876327584. html.

［24］唐俊杰，汤东平，时柯. 压缩机主要部件维修问题探究［J］. 科技与企业，2013（15）：6.

［25］李雅光，吴庆志，李海亮，等. 2D80 往复压缩机曲轴轴中心偏移分析与处理［J］. 石油化工设备技术，2019，40（6）：45-50.

［26］循环氢压缩机操作规程［S/OL］.（2015-09-13）［2022-04-02］. https：//www. docin. com/p-1288582975. html.

［27］陈红伟，高晓永，李国强. 800kN 往复式压缩机活塞杆失效分析［J］. 经济技术协作信息，2014（5）：1.

［28］于亮. 往复活塞式压缩机的气阀故障原因分析及日常维护管理［J］. 2019.

［29］往复压缩机主要部件详细介绍［Z/OL］.（2017-11-30）［2022-04-03］. https：//www. doc88. com/p-9905620240356. html.

［30］潘岩，吕晨昊，祁辉. 往复式压缩机 3 种气量调节方式的比较［J］. 聚氯乙烯，2014，42（5）：33-35.

［31］沈阳鼓风机集团有限公司. 往复式压缩机说明书 4M125［Z/OL］.（2014-04-15）［2022-04-01］. https：//www. doc88. com/p-6933722658581. html.

［32］中国国家标准化管理委员会. 容积式空气压缩机：安全要求：GB/T 22207—2008［S］. 北京：中国标准出版社，2008.

［33］氮气压缩机使用说明书 11［Z/OL］.（2012-11-11）［2022-04-04］. https：//www. docin. com/p-523960386. html.

［34］刘汉新. 隔膜压缩机工作原理及常见故障分析处理［J］. 中国化工贸易，2013，5（8）：86-87.

［35］刘海利. 燃料电池汽车用氢的制取及储存技术的现状与发展趋势［J］. 石油库与加油站，2019，28（5）：24-27.

［36］陈志斌，龚兴夏，黄志勇，等. 加氢站建设国家标准与 ISO 标准的比较［J］. 城市燃气，2021（2）：47-52.

［37］胡永康. 浅谈不同储氢方式的优缺点及发展趋势［J/OL］. 科教导刊：电子版，2018（1）：1. http：//www. qikan. com. cn. 10. 3969/j. issn. 1674-6813（s）. 2018. 01. 231.

［38］丁莉丽. 车用氢能产业链安全事故分析及防范探讨［J］. 安全、健康和环境，2021，21（9）：20-23.

［39］毛黎. 燃料电池汽车［J］. 科学咨询，2004（5）：45.

［40］中国国家标准化管理委员会. 固定式高压储氢用钢带错绕式容器：GB/T 26466—2011［S］. 北京：中国标准出版社，2011.

［41］刘贤信，郑津洋，徐平，等. 固定式高压储氢用钢带错绕式容器［C］. 全国压力容器学术会议. 2009.

［42］中国技术监督情报协会. 加氢站储氢压力容器专项技术要求：T/CATSI 05003—2020［S］. 2020.

［43］中华人民共和国工业和信息化部. 加氢站技术规范：GB 50516—2010（2021 年版）［S］. 北京：中国计划出版社，2021.

［44］孙咸. 基于工程应用的 9%Ni 钢焊接材料选用原则探讨［J］. 机械制造文摘-焊接分册，2018（4）：6-16.

［45］冯慧聪，周伟，马建新. 加氢站高压储氢瓶分级方法［J］. 太阳能学报，2010，31（3）：401-406.

［46］刘铮，谢丽英. 燃料电池产业最新动态［J］. 稀土，2011，32（4）：98-101.

［47］中国国家标准化管理委员会. 移动式加氢设施安全技术规范：GB/T 31139—2014［S］. 北京：中国标准出版社，2014.

［48］中国国家标准化管理委员会. 加氢站用储氢装置安全技术要求：GB/T 34583—2017［S］. 北京：中国

标准出版社，2018.

[49] 周波. CNG 长管拖车的构成及运用 [J]. 技术与市场，2014 (7)：50-52.

[50] 顾炎霞. 浅谈压力容器维护保养研究 [J]. 商品与质量：学术观察，2013 (2)：91.

[51] 国家质量监督检验检疫总局. 固定式压力容器安全技术监察规程：TSG 21-2016 [S]. 2016.

[52] 中国技术监督情报协会. 加氢站储氢压力容器专项技术要求：T/CATSI 05003-2020 [S]. 2020.

[53] 张磊. 燃料电池电动汽车关键技术探究 [J]. 电气工程学报，2014 (6)：49-52.

[54] 中国国家标准化管理委员会. 加氢机：GB/T 31138—2022 [S]. 北京：中国标准出版社，2022.

[55] 中国住房和城乡建设部. 汽车加油加气加氢站技术标准：GB 50156—2021 [S]. 北京：中国计划出版社，2021.

[56] 刘延雷. 高压氢气快充温升控制及泄漏扩散规律研究 [D]. 杭州：浙江大学，2009.

[57] 刘延雷，郑津洋，韦新华，等. 复合材料氢气瓶快充过程温升控制方法研究 [J]. 太阳能学报，2012，33 (9)：1621-1627.

[58] 何广利，杨康，董文平，等. 基于国产三型瓶的氢气加注技术开发 [J]. 储能科学与技术，2020，9 (3)：696-701.

[59] 樊广余. 质量流量计选用应注意的几个问题 [J]. 广东化工，2013，40 (17)：142, 158.

[60] 加气机原理结构和日常维护 [Z/OL]. (2020-04-08) [2022-04-03]. https://www.jswku.com/p-26474180.html.

[61] 张鹏. 加氢站建设方案研究 [J]. 山东化工，2019，48 (17)：156-158.